AF401630

DE

# L'EXERCICE DES DROITS

DES

## CRÉANCIERS HYPOTHÉCAIRES

EN DROIT ROMAIN

—

DE

# LA TRANSCRIPTION

DES

## JUGEMENTS D'ADJUDICATION

EN DROIT FRANÇAIS

—

# THÈSE POUR LE DOCTORAT

PRÉSENTÉE

Par Albert RENAULD

NANCY

TYPOGRAPHIE G. CRÉPIN-LEBLOND, GRAND'RUE, 14

—

1877

DE

# L'EXERCICE DES DROITS

## DES CRÉANCIERS HYPOTHÉCAIRES

### EN DROIT ROMAIN

DE

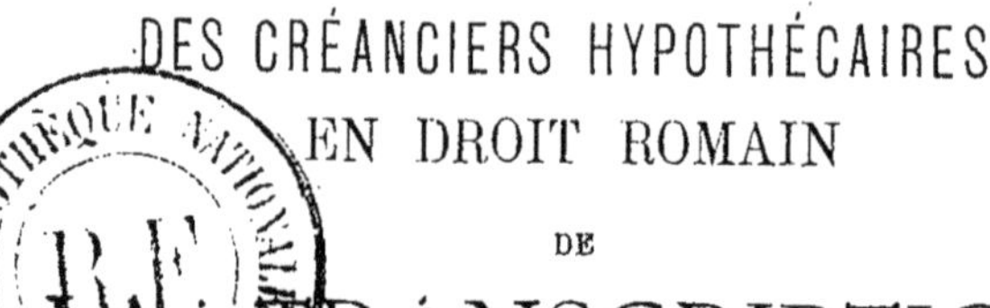

# LA TRANSCRIPTION

## DES JUGEMENTS D'ADJUDICATION

### EN DROIT FRANÇAIS

# THÈSE POUR LE DOCTORAT

PRÉSENTÉE

## A LA FACULTÉ DE DROIT DE NANCY

PAR

### Jean-Baptiste-Jules-Albert RENAULD

L'acte public sur les matières ci-après sera présenté et soutenu le
vendredi 13 juillet 1877, à 4 heures de l'après-midi.

*Président :* M. LOMBARD, professeur.

*Suffragants :* MM. JALABERT, professeur doyen.
LEDERLIN, DUBOIS, professeurs.
ORTLIEB, GARNIER, agrégés.

*Le Candidat répondra, en outre, aux questions qui lui seront faites
sur les autres matières de l'enseignement.*

## NANCY

TYPOGRAPHIE G. CRÉPIN-LEBLOND, GRAND'RUE (VILLE-VIEILLE), 14.

1877

# FACULTÉ DE DROIT DE NANCY.

MM. JALABERT, ✳, 1 ✿, Doyen, Professeur de Code civil (1re chaire) et Chargé du cours d'histoire du Droit romain et du Droit français.

HEIMBURGER, 1 ✿, Ancien Professeur de la Faculté de Droit de Strasbourg, Professeur honoraire.

LEDERLIN, 1 ✿, Professeur de Droit romain (2e chaire) autorisé à faire le cours de Pandectes et Chargé du cours de Droit français étudié dans ses origines féodales et coutumières.

LOMBARD (A.), A ✿, Professeur de Droit commercial et Chargé du Cours de Droit des gens.

LIÉGEOIS, A ✿, Professeur de Droit administratif et Chargé du cours d'Économie politique.

DUBOIS, A ✿, Professeur de Droit romain (1re chaire) et Chargé du cours de Droit civil approfondi dans ses rapports avec l'Enregistrement.

BLONDEL, Professeur de Code civil (2e chaire).

BINET, Agrégé, Chargé du cours de Code civil (3e chaire).

ORTLIEB, Agrégé, Chargé du cours de Procédure civile.

LOMBARD (Paul), Agrégé, Chargé du cours de Droit criminel.

GARNIER, Agrégé, Chargé du cours de Pandectes, autorisé à faire le cours de Droit Romain (2e chaire).

M. LACHASSE, A ✿, Docteur en droit, secrétaire, agent comptable.

---

A MON PÈRE — A MA MÈRE


ET


A MES GRANDS-PARENTS

# DROIT ROMAIN

## DE L'EXERCICE

### DES

# Droits des Créanciers hypothécaires.

1. — L'hypothèque est un droit réel, qui grève un ou plusieurs biens dépendant du patrimoine du débiteur, ou même tous les biens présents et à venir de ce patrimoine, au profit d'un créancier, pour garantir le paiement de sa créance.

D'origine prétorienne, l'hypothèque atteignit, dans la théorie du moins, par une lente élaboration ce degré de perfection, où nous la trouvons à l'époque classique. Elle fut la forme définitive de la garantie réelle. Mais à raison de cette formation successive, l'hypothèque est un droit éminemment complexe; on pourrait même dire que c'est un terme générique pour désigner un ensemble de droits conférés au créancier et qui lui font une situation juridique en dehors du droit commun.

En effet affecter spécialement au paiement d'une obligation un de ses biens, c'est attribuer au créancier, sur ce bien, un droit exclusif, un droit de préférence. Le droit de préférence est donc l'idée fondamentale, et le but de l'hypothèque. Mais à côté de ce droit, et pour en maintenir l'intégrité, viennent s'en grouper d'autres : le droit de suite et le droit de vente. Ils ne sont, pour ainsi dire, que les manifestations du droit de préférence, opposable à tous et réalisable à l'échéance de la dette. En fait, à quoi tend le créancier en exigeant le délaissement, sinon à vendre, et en vendant, sinon à exercer son droit de préférence (1). Ainsi, le véritable exercice de ce droit n'est autre que l'exercice du *jus persequendi* et du *jus distrahendi*.

Mais alors on peut dire que les droits de suite et de vente n'appartiennent pas d'une manière absolue à tous les créanciers hypothécaires. La cause de cette restriction est dans l'absence de toute forme, soit dans la constitution, soit dans la conservation et la réalisation du droit d'hypothèque. A Rome en effet, les hypothèques sont occultes, un simple pacte suffit pour leur donner naissance ; aucune publicité n'est exigée: point d'inscriptions, point de registres publics; d'autre part, la vente de la chose hypothéquée n'a pas lieu aux enchères ; l'acheteur n'a aucun moyen de purger les hypothèques qui peu-

(1) Accarias. Précis de Droit Romain. T. I. p. 631. 1re Edit.

vent grever l'objet vendu. Or les droits des créanciers hypothécaires postérieurs devaient nécessairement être paralysés par la présence d'un créancier préférable. Si la vente consentie par un créancier hypothécaire, quel que fut son rang, eût été valable *erga omnes*, le créancier préférable, dépouillé de la garantie sur laquelle il avait de justes raisons de compter, se fût souvent trouvé dans une situation extrèmement défavorable ; le seul recours qu'il pût exercer contre le créancier vendeur eût été illusoire, toutes les fois que ce dernier aurait dissipé le prix de la vente par lui touché. Il était donc conforme à l'équité de donner au premier créancier hypothécaire un droit, qui ne pouvait être anéanti, ni même atteint par le fait d'un tiers.

Cela étant, la situation de l'acheteur, sans cesse exposé à une éviction, est essentiellement précaire. Et en dernière analyse, le débiteur, qui laissait vendre la chose grevée d'hypothèque, subissait toujours une perte, la valeur de la propriété étant singulièrement dépréciée aux yeux de l'acheteur par de telles éventualités.

En droit français, la publicité, édictée par la loi, fait disparaître ces graves inconvénients : la constitution d'hypothèque est soumise à la forme authentique ; le registre des inscriptions hypothécaires est accessible à tous les intéressés et l'immeuble ne peut être réalisé sur les poursuites de ce créancier hypothécaire, que par une vente aux enchères publiques, après sommation faite à tous les créanciers hypothécaires. L'adjudication purge les hypothèques, en ce sens que les droits des créanciers sont transportés sur le prix, qui est distribué par voie d'ordre.

Le droit de suite et le droit de vente n'appartenant

d'une manière absolue qu'au créancier préférable, l'étude de l'exercice de ces deux droits comprendra donc l'étude de l'exercice du droit de préférence. Par suite, les divisions de cette thèse sont naturellement tracées : droit de suite — droit de vente — droit spécial aux créanciers postérieurs : *jus offerendæ pecuniæ*. Nous croyons utile de faire précéder cette étude de quelques notions, qui compléteront notre exposé. Enfin, dans un appendice nous nous occuperons de quelques hypothèses spéciales, des hypothèqnes qui grèvent les droits réels et les droits de créance, des hypothèques judiciaires (*pignus in causâ judicati captum*), et nous signalerons les modifications qui en résultent dans l'exercice des droits des créanciers.

I

# NOTIONS  PRÉLIMINAIRES

—

2. — Dans les premiers siècles de Rome, la garantie
réelle ne pouvait existe comme institution juridique.
Selon la loi des XII Tables, la personne même du débiteur, et non pas ses biens, répondait directement de
l'exécution des obligations par lui contractées. C'est la
*manus injectio* avec ses suites si cruelles, l'*addictio,* la
vente, et même la mort (1). Les mœurs barbares et
aussi la pauvreté légendaire du peuple Romain nous
donnent l'explication de cette voie d'exécution rigoureuse. Mais peu à peu les conquêtes donnent un essor
considérable au commerce, facilitent le développement
de la richesse publique et privée et, comme conséquence,
les mœurs s'adoucissent. Au droit de tuer ou de vendre
comme esclave le débiteur, succède pour le créancier
l'obligation de ne le détenir que pendant le temps nécessaire à l'acquittement de la dette par le travail.

3. — A cette époque, l'exécution d'un engagement sur

(1) L. XII, Tabul., T. III, 3, 4, 5 et 6.

les biens d'un débiteur était si peu conforme aux idées
du Peuple Romain, que ce n'est qu'à titre tout-à-fait
exceptionnel et pour ainsi dire en matière de droit public
*(jus sacrum, jus publicum)* que nous la trouvons dans
les actions de la loi, sous forme de *Pignoris Capio* (1).
Il ne faudrait pas se laisser tromper par la synonimie du
mot *Pignus* et voir dans cette action de la loi l'origine du
gage. Autant du moins que nous pouvons le conjecturer,
d'après les textes, la *Pignoris Capio* était plutôt une
sorte de paiement d'une créance échue, qu'une garantie
de ce paiement. Le créancier, prononçant des paroles
solennelles, se mettait en possession de valeurs suffisantes pour se payer du montant de sa créance. En réalité, il se faisait justice à lui-même, car il pouvait
agir en l'absence du débiteur et le Prêteur ne présidait
pas à la *Pignoris capio*. L'élément contractuel qui est la
base du gage et de l'hypothèque fait défaut.

4. — Si plus tard (2) les biens seuls du débiteur
garantissent les droits du créancier, il faut remarquer
que celui-ci ne peut faire vendre un ou plusieurs de ces
biens, qu'il est obligé de faire procéder à la vente en
masse du patrimoine et que l'acheteur était réputé un
successeur à titre universel de la personne du débiteur (2).
Il y a loin de la *bonorum venditio* au droit de gage ou
d'hypothèque, droit spécial et absolu du créancier sur
un ou plusieurs biens de son débiteur.

5. — Cependant l'idée de donner des sûretés spéciales
pour assurer le paiement d'une créance devait se présenter naturellement à l'esprit des créanciers romains.

_______

(1) L. XII Tabul. T. XII. — Gaius, Inst. C. IV, § 26 et suiv.
(2) L. Pœtilia (326 Av. J.-C).
(3) Gaius, Inst. III. 77 et suiv. IV. 34 et 35.

Mais ces derniers préféraient les sûretés personnelles ; à leurs yeux, un *sponsor*, outre sa solvabilité personnelle, était probablement une garantie de l'honnêteté de l'emprunteur, qui n'aurait pu leur fournir que des gages misérables. Même dans la procédure, on retrouve cette préférence ; si le magistrat ordonné de fournir des cautions, la partie ne saurait se soustraire à cette obligation en offrant d'autres sûretés, une hypothèque ou le dépôt d'une somme d'argent (1). Dans le Digeste, il existe encore quelques traces de cette préférence accordée à la garantie personnelle (2).

6. — D'ailleurs le droit civil ne se prêtait pas facilement à une constitution de garantie réelle, qui offrit au créancier une sûreté indiscutable et qui ne fut pas trop lourde pour le débiteur. Il ne reconnaissait et ne protégeait qu'un droit réel, le droit de propriété, qui pouvait être envisagé sous trois aspects différents, mais qui dans ces trois cas donnait toujours lieu à une *vindicatio*.

7. — Aussi ne nous étonnons-nous pas de rencontrer dans le droit primitif la forme rigoureuse d'une *mancipatio* ou d'une *in jure cessio* fiduciaire (3). Les parties

(1) 7 D. *de stip. prœtor*. XLVI. 5.

(2) 14 D. *quit. mod. pign*. XX. 6 — 34 § 1 D. *de Pig*. XX. 1.

(3) Certains auteurs affirment que le pacte de fiducie pouvait être adjoint à un transfert de propriété opéré par un mode non solennel, la tradition, par exemple, et produisait les mêmes effet s (Voir l'*Hypothèque* par M. A. Jourdan, p. 36.) Nous croyons, avec la plupart des auteurs, cette opinion exagérée : Nous sommes ici en présence d'un contrat de l'ancien droit civil. Il ne peut être question d'examiner si la théorie émise est logique. Le silence des textes au sujet de la tradition, alors qu'ils énoncent toujours en même temps la *mancipatio* et l'*in jure cessio* fournit un argument de grande valeur ; à cette époque, la forme des contrats de droit civil

procédaient, en la forme ordinaire, à la *mancipatio* ou à
l'*in jure cessio* de la chose qui était donnée en garantie
par le débiteur. A ce mode solennel de tranférer la propriété venait s'ajouter immédiatement un pacte, par
lequel le créancier, devenu propriétaire, s'engageait à
retransférer la propriété de l'objet mancipé, dès que le
débiteur aurait acquitté sa dette. C'est le pacte de
*fiducie ;* son importance est telle, que l'opération toute
entière est désignée sous le nom de *fiducie.* Ce pacte ne
faisait pas partie de la *mancipatio* ou de l'*in jure cessio ;*
mais il était convenu immédiatement *(in continenti)* en
présence des mèmes témoins ; de là sa force et l'action de
bonne foi qu'il produit (1). L'action *fiduciæ* est une action
personnelle double *(directa et contraria)*, qui assurait au
débiteur l'exécution du pacte de fiducie et qui permettait d'autre part au créancier d'obtenir le remboursement

était rigoureuse et probablement mème que le pacte de fiducie
n'était, à l'origine, sanctionné par aucune action.

Qu'à une époque plus récente, un pacte de fiducie, joint à une
tradition d'une *res nec mancipi,* ait pu produire des effets juridiques et donner naissance à une action, nous ne pouvons y contre-
dire formellement ; mais nous croyons que c'était une forme
nouvelle, une transformation du contrat de fiducie.

D'ailleurs le pacte de fiducie n'était pas uniquement destiné à
faire naître une garantie réelle au profit du créancier. Nous le
retrouvons joint à des transferts de propriété réels ou simulés, pour
créer des situations juridiques bien différentes : tutelle, émanci-
pation, depôt (Gaius, com. I. 166, 195, II. 60) ; et tous ces transferts de propriété étaient réalisés à l'aide de modes solennels.

(1) Revue de Législation, 1870, p, 74. Observations de P. Gide
sur une table de bronze trouvée en 1868, dans le Guadalquivir,
près San Lucar de Barrameda (Espagne).

des dépenses par lesquelles il avait conservé ou amélioré la chose donnée en garantie (1).

Le créancier obtenait un droit de propriété absolu sur la chose donnée en fiducie ; et le payement de la dette garantie ne faisait pas disparaître, *ipso jure,* le droit du créancier. Il était nécessaire qu'un nouveau transfert de propriété fut effectué au profit du débiteur libéré.

9. — Il serait assez difficile d'établir quels pouvaient être, à l'origine, les droits conférés au créancier par la fiducie. Telle que nous la retrouvons dans les Sentences de Paul (2), cette institution a dû subir d'importantes modifications ; les droits du créancier fiduciaire sur la chose donnée en garantie sont à peu près les mêmes que ceux du créancier gagiste.

Toutefois le créancier fiduciaire est propriétaire ; c'est le trait caratéristique de ce contrat. A l'égard des tiers, il a un droit de propriété absolu ; seul il peut exercer la revendication ; seul il paie les impôts à l'Etat (3). Mais vis-à-vis du débiteur, son droit de propriété est singulièrement diminué. Si la chose fiduciaire est en sa possession, le créancier doit imputer sur sa créance les fruits. S'agit-il d'un esclave donné en garantie? toutes les acquisitions faites par cet esclave profitent au débiteur et diminuent l'importance de sa dette. Ces restrictions s'expliquent par l'équité, qui avait présidé au transfert de propriété. Ce transfert n'avait d'autre but que de donner au créancier un droit suffisant pour assurer le paiement de sa créance. Mais de ce principe de simple garantie, on a déduit les conséquences rigoureuses. La

(1) Paul. Sent. II. Tit. 13, § 5, 6 et 7.
(2) Paul. Sent. II. Tit. 13.
(3) 4 § 2. D. *de cens.* I. 15.

créance était-elle exigible et le débiteur ne la remboursait-il pas ? On eut pu croire que la propriété de la chose fiduciaire se trouvait confirmée et irrévocablement fixée sur la tête du créancier ; qu'il y avait une sorte de *datio in solutum*. Il n'en était rien cependant, du moins à l'époque de Paul (1). Tant que le créancier avait la chose fiduciaire entre les mains, le débiteur pouvait lui offrir le remboursement de ce qui lui était dû et exiger le retransfert de la propriété de cette chose.

10. Mais le créancier avait la faculté de vendre le fiducie, et de se payer sur le prix de la vente. C'était un droit absolu et la contravention contraire « *ut fiduciam » sibi vendere non liceat* » n'avait d'autre effet que d'imposer au créancier l'obligation de dénoncer solennellement au débiteur la vente qui allait être opérée (2). Il n'en avait pas toujours été ainsi et nous trouvons dans l'inscription de Barrameda la mention expresse de la stipulation du droit de vente (3), mention qui est expliquée, à l'origine, par la situation du créancier fiduciaire. Ayant promis par le pacte de fiducie la restitution de la chose mancipée, il est toujours tenu à cette restitution, et, malgré le droit de propriété qui lui appartient, il ne saurait consentir une aliénation sans être responsable à

---

(1) Peut-être faut-il voir là une application de la prohibition de la *lex commissoria*, prohibition édictée en matière de gage et d hypothèque. Ce qui nous autorise à faire cette conjecture est la rubrique même du titre où Paul parle de fiduciæ : *de lege commissoria*.

(2) Paul. Sent. Recep. L. II, T. XXII, § 5.

(3) *Si pecunia sua quaque die L. Titio heredive ejus data soluta non esset, tum uti cum fundum eaque mancipia, sive quæ mancipia ex is vellet, L. Titius heresve ejus vellet, ubi et quo die vellet, pecunia presenti venderet.*

l'égard de son débiteur. Cette stipulation expresse du droit de vendre était donc très-utile, pour conférer au créancier, non pas un droit réel sur la chose, mais bien un droit personnel vis-à-vis de son débiteur, avant que le droit de vendre ne fût reconnu comme étant de l'essence même du contrat.

11. — Si le créancier usait de ce droit, il n'était tenu à aucune formalité ; il pouvait vendre où et quand bon lui semblait. Il était seulement tenu de restituer au débiteur l'excédant du prix de vente sur le montant de sa créance. Il ne pouvait acquérir la chose fiduciaire par personne interposée ; avait-il violé cette prohibition, il se trouvait dans la même situation que si la vente n'avait pas eu lieu : le débiteur pouvait toujours acquitter sa dette et réclamer la fiducie (1).

12. — Malgré le transfert de propriété, le débiteur conservait le droit de vendre la chose à toute personne, autre que le créancier. Mais la condition essentielle à la validité de cette vente était que le prix fut employé, jusqu'à due concurrence, à désintéresser le créancier fiduciaire. Ainsi était écartée toute idée de mauvaise foi (2).

13. — En outre et comme conséquence du droit pour le débiteur d'exiger la restitution de la chose fiduciaire, dès qu'il avait payé sa dette, le préteur avait admis une *usureception* spéciale, qui pouvait être réalisée sans juste titre ni bonne foi et dans le délai d'une année, quelle que soit la chose fiduciaire, meuble ou immeuble, c'est l'*usureceptio fiduciaria*. Alors même que le débiteur n'avait pas payé sa dette, cette *usureceptio* pouvait encore avoir lieu dans les mêmes conditions. Toutefois il

_____

(1) Paul. Loc. cit. § 4.
(2) Paul. Loc. cit. § 3.

était nécessaire que la cause de la possession du débiteur n'émanât pas du créancier, à titre de précaire ou de louage, par exemple (1).

14. — Toutes ces restrictions au droit de propriété du créancier fiduciaire faisaient disparaître la plupart des inconvénients de ce contrat. Et d'autre part, en pratique, le droit de propriété seul était transféré, la possession restait aux mains du débiteur par suite d'un contrat de louage ou d'une convention de précaire. Mais le créancier propriétaire pouvait toujours valablement vendre la chose fiduciaire ou consentir des droits réels qui en diminuaient considérablement la valeur, et le débiteur n'avait qu'une action personnelle pour obtenir la réparation du préjudice. De plus la propriété fiduciaire ne passant aux mains du créancier qu'autant qu'on usait des formes solennelles de la *mancipatio* ou de l'*in jure cessio* (2), l'emploi d'une telle garantie était forcément limité. Cependant ce contrat subsista longtemps et ne disparut d'une façon absolue que sous Justinien.

15. — Mais l'apparition du gage comme contrat du droit civil avait dû suivre de près l'institution d'une garantie réelle par la fiducie. Certains auteurs (3) affirment même que ces deux contrats furent contemporains. Ce système est bien extrême et semble en contradiction avec l'histoire de la formation successive des institutions juridiques de Rome, avec les idées admises en matière de garantie réelle que nous avons essayé de dégager au commencement de ce chapitre et avec les caractères essentiels des deux formes de garantie qui nous occupent.

(1) Gaius, Com. II, § 60.
(2) V. plus haut n° 7, note.
(3) Accarias, Précis de droit romain 1re édit. T. 1, p. 633, n° 4.

16, La formation du droit Romain fut lente, mais très-logique. Peu à peu les idées d'équité et de bonne foi, que le préteur s'efforçait de faire prévaloir, étendent les limites du droit civil, jusqu'alors maintenu dans un formalisme étroit et rigoureux. La conception du Droit se sépare de la forme, s'en affranchit et s'adapte mieux aux besoins toujours croissants de la civilisation romaine. D'abord les contrats de droit strict, puis les contrats de bonne foi et successivement les contrats innommés et les pactes légitimes ; telle est la marche ascendante des institutions. Ce n'est pas que nous prétendions que la forme du *nexum* fut à l'origine employée dans tous les actes de la vie civile ; mais alors les parties ne pouvaient la plupart du temps exercer de recours efficace. Ces transformations de l'idée juridique, qui atteint enfin une précision remarquable et qui se prête aux transactions les plus variées de la vie pratique, nous les retrouvons dans les différentes phases du contrat de gage et nous nous croyons autorisés à conclure que le gage lui-même est un progrès sur le contrat de fiducie, une des époques de l'histoire de la garantie réelle.

17. — Le gage en effet se contracte *re*, c'est-à-dire par la tradition, par un mode d'acquisition du droit des gens, et la fiducie ne prend naissance que par un mode du droit civil. D'autre part le créancier gagiste n'acquiert que la possession de la chose donnée en garantie ; le contrat de fiducie transférait la propriété. Cette idée de la possession distincte de la propriété et formant un droit spécial, un droit réel au profit d'une personne autre que le propriétaire, est prétorienne. Elle n'a dû se produire qu'assez tard. De plus la possession du créancier gagiste n'est pas la possession ordinaire utile pour l'usucapion :

C'est plutôt une sorte de droit de rétention ; elle se rapproche de la possession ordinaire, en ce qu'elle est protégée par les interdits. Mais le créancier ne peut agir comme celui qui possède *animo domini :* Il ne peut user de la chose, sans commettre un *furtum* ; il doit imputer les fruits sur le montant de sa créance. Le débiteur d'autre part est aussi réputé posséder : il a la possession utile *ad usucapionem*. Plus loin nous rechercherons quelle est la nature du droit du créancier, mais ces quelques généralités suffisent pour faire saisir combien est complexe le droit de possession du créancier gagiste ; et nous pouvons conclure que ce droit n'a pas dû se produire dès les premiers jours alors que la fiducie semblait suffire à toutes les nécessités des transactions.

18. — D'un autre côté, nous ne saurions méconnaître que le gage remonte à une époque assez reculée. Il subit des transformations successives, dont on suit facilement la trace dans les textes. On y retrouve à la fois l'influence de la fiducie et de l'hypothèque.

Le contrat de gage en effet ne produisait certainement à l'origine qu'un droit personnel. Il est vrai que la tradition mettait entre les mains du créancier l'objet donné en garantie. Mais le droit du créancier n'était qu'un simple droit de rétention, la possession n'étant pas sanctionnée par le droit civil et les interdits n'ayant pas encore été formulés d'une façon définitive dans l'Edit du Préteur. Les voies de recours nées dn contrat de gage étaient les deux actions personnelles, *pigneratitia directa et contraria*.

La garantie résultant du contrat de gage se trouvait donc fort limitée. D'autre part la remise de la possession avait le même inconvénient que le transfert de propriété dans la fiducie : le crédit du débiteur se trouvait épuisé immédiatement, car le même objet, quelle que fut sa valeur, ne pouvait être donné en gage à plusieurs personnes à la fois. D'ailleurs le débiteur pouvait avoir un intérêt grave à ne pas cesser de posséder les objets qu'il affectait à la garantie de sa dette. De là, l'hypothèque.

19. — Nous n'hésitons pas en effet à voir dans l'hypothèque la transformation d'une institution Romaine et non pas une importation Grecque. Ce que la Grèce a donné à Rome, c'est le nom seul. L'idée première de l'hypothèque, idée de garantie réelle, nous la trouvons dans la fiducie et dans le gage qui sont de création romaine. A Rome, il n'y a pas de publicité ; en Grèce, une publicité, bien imparfaite, il est vrai, existait. Les sources Grecques qui fournissent des indications sur l'hypothèque sont peu nombreuses, et aujourd'hui encore il est impossible de reconstituer la théorie de cette institution en Grèce. Rien donc de ce côté ne peut autoriser l'opinion contraire qui est réduite à une affirmation pure et simple. D'ailleurs il semble logique de conclure que si Rome a emprunté à la Grèce cette forme de garantie, c'est qu'elle a trouvé une institution juridique absolument définie, complète et facile à appliquer. Cependant les faits contredisent cette conclusion. L'hypothèque à Rome ne fut pas tout d'abord ce qu'elle est à l'époque classique. Un des droits essentiels, le plus important à coup sûr, le droit de vente, n'appartenait pas à l'origine au créancier hypothécaire. Il nous semble donc très-douteux que l'on puisse affirmer que la Grèce ait doté Rome de cette institution.

20. — L'hypothèque en effet est née et s'est développée sous la protection du Préteur. Ce magistrat cherchait sans

doute à faire disparaître les inconvénients de la fiducie et du gage, en facilitant au débiteur la mise en œuvre de tous ses moyens de crédit et en conservant au créancier une garantie sérieuse. Tout d'abord il limita son action à un cas particulier, celui du bail à ferme. Le bailleur, au profit duquel le preneur a, par simple pacte, sans transfert de propriété, ni remise de possession, affecté, à la garantie des fermages à échoir, les capitaux d'exploitation, instruments de labour, bestiaux, etc., individuellement désignés, le bailleur, dis-je, a sur ces objets un droit reconnu et protégé par le Prèteur (1). Mais ce n'est pas encore un droit réel consacré par une action ; si le fermage échu n'était pas payé, si les objets affectés à la garantie de la créance du bailleur sortaient des mains du fermier, le bailleur, en vertu du pacte, réclamait la possession de ces objets ; le prèteur lui donnait un interdit, l'interdit Salvien (2). C'était une mesure sommaire et par conséquent insuffisante dans bien des cas. La contestation n'était pas résolue au fond et dans une situation égale, dans une contestation entre deux créanciers hypothécaires, propriétaires indivis du fonds loué, le créancier possesseur obtenait gain de cause (3). L'adversaire n'avait pas de recours pour faire valoir le droit de préfé-

(1) A l'origine, comme tous les interdits, l'interdit Salvien était probablement un ordre émané du Prêteur *cognita causa*. Puis la fréquence des cas, où cet interdit était nécessaire, le fit insérer dans l'Edit du Prêteur.

(2) Si le fermier avait donné en gage ces objets, il eût été dans l'impossibilité d'exploiter la ferme qu'il prenait à bail ; c'est là un de ces intérêts graves signalés plus haut comme ayant amené la transformation du gage. Le louage fictif, *(uno nummo)*, ou le précaire n'étaient que des moyens insuffisants.

(3) 2 *D. de salv. interd.* XLIII. 33.

rence qui pouvait exister à son profit. Le préteur alla plus loin : il reconnut au créancier hypothécaire un droit réel et lui donna une action, l'*action servienne*. Le créancier hypothécaire exerçait une sorte de revendication des objets hypothéqués soit contre le débiteur, soit contre un tiers détenteur.

21. — Cette forme nouvelle de la garantie réelle offrait de telles facilités et des avantages si considérables que l'application s'en fit bientôt à toutes circonstances autres que celle du bail à ferme. Dans ces cas, il n'y avait pas au profit du créancier hypothécaire d'interdit analogue à l'interdit Salvien, mais l'action servienne lui fut donnée utilement et fut qualifiée *action quasi-servienne*.

22. — Ce droit réel du créancier hypothécaire appartient aussi au créancier gagiste. Dès lors le contrat de gage donna naissance à une action réelle et la possession perdue par le créancier gagiste put être revendiquée par l'*action quasi-servienne*.

23. — C'est à cette époque, où l'hypothèque commença à fonctionner normalement, que s'opère la fusion du gage et de l'hypothèque. Dès lors on peut dire qu'ils ne différaient que par le nom seul (1), en ce sens que la plupart des règles de l'hypothèque étaient applicables au droit de gage. La différence, résultant de la remise de la possession, avait peu d'importance à l'époque classique ; Ulpien n'en tient plus aucun compte et reconnaît que le gage peut être contracté par un simple pacte : *Pignus contrahitur non sola traditione, sed etiam nuda conventione, etsi non traditum est* (2).

_________

(1) 5 § 1. D. *de Pign*. XX. 1.
(2) 1. p. D. *de pign. act*. XIII. 7.

24. — A ce point où nous sommes arrivés, le droit de préférence, résultant de la garantie réelle de gage ou d'hypothèque, ne s'exerçait que par la rétention, si l'objet était entre les mains du créancier, ou par la poursuite de cet objet, entre les mains de tous détenteurs, à l'aide de l'action hypothécaire, c'est le droit de suite. Mais ces deux droits de rétention et de suite étaient insuffisants. Le créancier, en possession de la chose engagée, ne pouvait s'en servir sans commettre un *furtum*. D'autre part il devait se conduire en bon père de famille, vis-à-vis de cette chose, la conserver en bon état d'entretien, lui faire produire les fruits naturels ou civils qu'elle eut produit entre les mains du débiteur, les recueillir, les imputer sur sa créance, sinon il était responsable à l'égard du débiteur. Or ce gage, qu'il était tenu, sous sa responsabilité, de conserver jusqu'au jour du paiement, il ne pouvait le réaliser pour se payer et se libérer de cette responsabilité. — La situation du créancier non possesseur, du créancier hypothécaire, était encore moins favorable, car les fruits du bien hypothéqué ne venaient même pas éteindre partiellement sa créance et la garantie était illusoire pour l'extinction de la dette, tant qu'il n'avait pas exercé le droit de suite ; dans la fiducie, le créancier, devenu propriétaire, était certain d'être payé sur la chose fiduciaire, soit qu'il la gardât à titre de dation en paiement, soit qu'il la vendit. Ni le gage, ni l'hypothèque n'entraînaient par eux-mêmes le droit de réaliser ; le créancier ne pouvait user de ce droit qu'en exécution d'une convention spéciale.

25. — La forme première de la réalisation du gage fut l'attribution de la propriété au créancier qui n'était pas intégralement payé à l'échéance. Par une clause formelle,

appelée *Lex commissoria*, le débiteur déclarait que le créancier non payé garderait, à titre de dation en paiement, la chose donnée en garantie. Cette condition produisait son effet de plein droit. Mais le débiteur, se faisant illusion sur les facilités qu'il pourrait avoir de payer, engageait souvent à titre de garantie des biens d'une valeur de beaucoup supérieure au montant de la dette et s'en trouvait dépouillé définitivement. Aussi Constantin (1), frappé des abus qui se produisaient à l'abri de cette clause, la prohiba-t-il d'une manière absolue, en matière de gage et d'hypothèque. Toute convention faite au mépris de cette prohibition était nulle.

La raison qui fit exclure la *lex commissoria* est, non que le débiteur était engagé actuellement, mais que, dans la plupart des cas, ce débiteur se dépouillait irrévocablement d'un bien, dont la valeur n'avait aucune parité avec la dette qu'il s'agissait d'éteindre. Aussi n'étaient pas considérées comme conventions prohibées ni la vente consentie au profit du créancier par le débiteur au jour de l'exigibilité de la dette (2), ni la vente conditionnelle consentie au moment de la convention d'hypothèque pour un prix à fixer par estimation, à l'expiration du délai accordé pour le paiement de la créance (3).

26. — Mais, avant même la prohibition de la *lex commissoria*, un autre pacte, qui permettait au créancier de se payer sur le bien engagé, était entré dans la pratique quotidienne : C'est le *pacte de distrahendo*. D'abord exigé d'une manière absolue pour que le créancier ait le

---

(1) 3. C. *de pact. pig.* VIII, 35.
(2) 12. p. D. *de dist. pig.* XX. 5. Frag. Vatic. § 9.
(3) 16. § 9 D. *De pign.* XX. 1.

droit de vendre la chose engagée (1), il devint bientôt de style, *pactum vulgare* (2) ; dans le silence des parties, il fut sous-entendu ; et même le pacte de *non distrahendo* n'eut plus d'autre effet que d'imposer au créancier l'obligation de faire au débiteur trois dénonciations solennelles, avant de passer outre à la vente (3). Le droit de vendre fut considéré comme de l'essence même du gage et de l'hypothèque.

Ceci admis, il ne nous semble pas que le créancier, lorsqu'il exerce le *jus distrahendi*, puisse être considéré comme le mandataire de son débiteur. Il use d'un droit propre. Cependant certains commentateurs (4), entraînés sans doute par l'origine du *jus distrahendi*, ont

(1) 73 D. *de furtis* XLVII. 2.

(2) 4. C. *de pign. act.* IV. 24.

(3) 4. D. *de pig. act.* XIII. 7. Ce texte est confirmé par la L. 1, C. VIII, 29 et par la rubrique même de ce titre : *Debitorem venditionem pignorum impedire non posse:* mais il est en opposition avec un fragment de Paul. *Sent,* II. 5. 1. Ce jurisconsulte exige trois dénonciations solennelles dans le silence des conventions. On en a conclu que le pacte de *non vendendo* devait produire son effet, c'est-à-dire qu'il liait complétement le créancier, qui ne pouvait vendre le gage. On a aussi voulu faire concorder la loi 4 d'Ulpien avec le texte de Paul en disant que la fin du texte du Digeste *nisi ter ei*, etc., était une interpolation. Bien qu'Ulpien et Paul fussent contemporains, il nous semble préférable d'admettre une opposition entre les deux textes, opposition qui peut très-bien être expliquée, puisqu'il s'agit d'une institution en voie de formation. — Quoiqu'il en soit, dans le dernier état du droit, on ne saurait admettre que le parti de *non distrahendo* puisse produire un effet autre que celui que nous avons indiqué. Sinon ce serait permettre au débiteur de paralyser complétement la garantie par lui donnée au créancier hypothécaire.

(4) Schelling. — Du contrat de gage, Trad. de Pellat.

cherché à établir que le créancier n'était qu'un mandataire. A l'appui de ce système, ils ont invoqué les différents textes (1) où le créancier est assimilé à un mandataire. D'ailleurs le créancier est responsable, s'il n'a pas protégé suffisamment les intérêts de son débiteur (2). L'acheteur évincé recourt, non pas contre le créancier, mais contre le débiteur, précédent propriétaire de la chose vendue, c'est-à-dire contre le vendeur véritable. Enfin en cas de collision entre le créancier et l'acheteur, le débiteur peut agir directement contre ce dernier, si le créancier est insolvable (3).

Mais cette idée de mandat n'explique rien en réalité. Tout d'abord comment concevoir, entre le débiteur et le créancier, un mandat qui n'est pas déterminé, qui permet au créancier de procéder à la vente au mieux de ses intérêts, sans qu'il puisse être contraint de vendre à une époque quelconque favorable ou non, un mandat tout en faveur du mandataire, et qui ne peut être révoqué ! Le droit de vendre subsiste au profit du créancier, alors même que le débiteur a vendu la chose hypothéquée, ou a cessé d'en être propriétaire par suite d'usucapion. C'est donc vouloir trouver de l'analogie entre deux situations parfaitement distinctes. Si les jurisconsultes ont comparé l'exercice du droit de vente à l'exercice d'un mandat, cette comparaison ne prouve rien. A ces textes, nous pouvons en opposer de nombreux, où il est formellement exprimé que le créancier use de son droit, fait sa

(1) Gaius *Inst.* II. 64 1. Justin. Inst. *quib. licet alien.* II. 8. — 2. 9. D. *Familiæ erciscundæ* X. 2. — 22. 4. D. *de Pign. actione* XIII. 7. — 4 et 9. C. do *distract. pign.* VIII. 28.
(2) 7. C. *de distract. pign.* VIII. 28.
(3) 1, 3 et 4. C. *Si vend. pign. agatur.* VIII. 30.

propre affaire en vendant l'objet hypothéqué ou donné en gage (1). Si le créancier gagiste ou hypothécaire, lorsqu'il a la chose entre les mains, répond de sa faute : il n'en est plus de même lors de la vente ; alors on ne peut lui reprocher que son dol ; — mais malgré le dol du créancier, la vente n'en est pas moins valable. Le débiteur n'a qu'une action personnelle contre le créancier, et pour qu'il puisse recourir contre l'acheteur, il faut que celui-ci ait été aussi de mauvaise foi et que le créancier soit insolvable (2). Ce n'est donc qu'un moyen subsidiaire. Or une vente, faite par un mandataire de mauvaise foi, est toujours nulle, peu importe la bonne ou la mauvaise foi de l'acheteur. Le recours au cas d'éviction ne peut être exercé par l'acheteur que contre le débiteur, parce que le créancier ne vend pas comme propriétaire ; d'ailleurs ce recours contre le débiteur est limité à son enrichissement. Ce n'est donc même pas le recours ordinaire. Solution incompréhensible, si le débiteur était considéré comme le mandant du créancier, comme le vendeur véritable. Nous admettons donc que le créancier hypothécaire, qui exerce le *jus distrahendi*, use d'un droit qui lui est propre, théorie qui donne la clef de toutes les solutions relatives aux effets de la vente du bien hypothéqué.

27. — Tel est le développement historique des trois droits qui appartiennent au créancier hypothécaire : le droit de suite (*jus persequendi*), le droit de vente (*jus distrahendi*), et le droit de préférence. Mais, nous

(1) 6 D. *de pign. act.* XIII. 7... *quia tua causa id cavcatur.* 42. D. cod. tit.-12 § 6 D. *qui pot. in pig.* XX. 4.... *non negotium alterius gessit, sed magis suum.* Cpr. 8 D. *de dist. pign.* XX. 5.

(2) 1. C. *Si vend. pig.* VIII. 30.

l'avons déjà dit, l'exercice du droit de suite et surtout du droit de vente a pour but incontestable d'assurer au créancier le droit de préférence sur la chose donnée en garantie ou sa valeur. Le créancier préférable seul pouvait donc exiger de tous le délaissement et faire une vente sérieuse opposable à tous. Les autres créanciers hypothécaires, qui étaient primés, avaient cependant un droit particulier tant que l'objet de la garantie n'avait pas été réalisé. Ils pouvaient diminuer les chances mauvaises d'une vente faite dans des conditions désastreuses, en désintéressant le créancier préférable et en prenant ses lieu et place, c'est le *jus offerendæ pecuniæ*.

**II**

# DROIT DE SUITE

—

28. — Le créancier qui accepte, à titre de garantie, une hypothèque, accorde au débiteur une confiance dont il ne peut être victime. Le débiteur en effet reste en possession de la chose hypothéquée ; mais cette possession ne peut lui offrir le moyen assuré de diminuer ou de faire disparaître la garantie; elle ne peut non plus être un obstacle à la réalisation de cette garantie (1). Le créancier a donc le droit de méconnaître toutes aliénations ou cessions de droits réels consenties sur la chose postérieurement à la constitution d'hypothèque et d'exiger le délaissement soit du débiteur, soit du tiers détenteur. C'est le droit de suite, dont la principale manifestation et la mise en œuvre ordinaire est l'action hypothécaire.

(1) Nous verrons plus loin que le créancier peut parfois agir hypothécairement, alors que la créance n'est pas encore exigible.

# CHAPITRE I<sup>er</sup>

—

## ACTION HYPOTHÉCAIRE (1)

29. — L'action hypothécaire est une action réelle prétorienne, *in factum*, arbitraire, donnée contre. tout possesseur ou détenteur de la chose hypothéquée, à l'effet de faire obtenir au créancier la remise de cette chose.

30. — Tous les textes sont d'accord pour reconnaître le caractère réel de l'action hypothécaire : « *Pignoris vel hypothecœ persecutio in rem parit actionem creditori* (2) ». C'est une véritable revendication de la chose hypothéquée. Cependant il faut que cette chose soit sus-

(1) Par ces mots, *action hypothécaire,* nous désignons à la fois l'action servienne et l'action quasi-servienne. La seule différence, qui distinguait les deux actions et qui dût disparaître bientôt, reposait sur la condition même de l'existence de l'hypothèque. Une simple convention d'hypothèque, affectant tels et tels objets à la garantie du paiement du fermage, ne suffisait pas pour autoriser l'action servienne : le créancier ne pouvait agir que pour réclamer soit les objets apportés sur le fonds, soit, en cas de convention spéciale les choses nées sur ce fonds (*invecta, illata, ibique nata factave; 32. D. de Pign. et Hyp. XX. 1., 11, 2, D. qui pot. XX. 4.*) Au contraire, l'action quasi-servienne était recevable dès que le pacte d'hypothèque avait été consenti.

(2) 17. D. *de Pign.* XX. 1. 18. C. *de Pign.* VIII. 14.

ceptible d'appréhension, pour qu'il y ait lieu à cette action réelle. S'il s'agit d'un *Pignus nominis,* par exemple, le créancier n'aura qu'une action personnelle utile.

31. — Le demandeur n'invoque pas un droit civil, mais le fait du pacte d'hypothèque. *Ante omnia probandum est, quod inter agentem et debitorem convenit ut pignori hypothecœve sit,* dit Marcien (1) ; Gaius (2) s'exprime dans des termes analogues. Mais il ne suffit pas au créancier de prouver le pacte d'hypothèque, il doit aussi prouver que le débiteur avait le droit de consentir une hypothèque, c'est-à-dire que le bien était tout au moins la propriété bonitaire de celui-ci, au moment de la constitution d'hypothèque. Ce double fait d'une constitution et d'une constitution *valable* de l'hypothèque se trouvait énoncé dans la formule de l'action hypothécaire (3).

32. — Enfin l'action hypothécaire est une action arbitraire, comme toutes les actions réelles, classées sous le nom de *vindicationes.* Toutefois nous devons signaler une différence remarquable. Comme dans toutes les autres actions arbitraires, le défendeur peut satisfaire à l'ordre du juge en abandonnant l'objet du litige ; mais il peut choisir un autre moyen et payer au créancier poursuivant le montant de sa créance en principal et accessoires, il sera réputé avoir exécuté l'ordre du juge (4). Le demandeur, bien qu'il ait un droit réel sur la chose hypothéquée, droit qui est la base de son action, ne saurait se refuser à recevoir du défendeur le montant de sa créance,

(1) 23 D. *de Prob.* XXII. 3.

(2) 15. 1 D. *de Pign.* XX. 1. Cpr. 11. § 2. *eod. tit.* — 12. p. D. *qui pot.* XX. 4.

(3) 3. D. *de Pig.* XX. 1.

(4) 12 §1. D. *quib. modis pign.* XX. 6.

quelle que supérieure que pût être la valeur du bien
hypothéqué. Le droit réel en effet est un droit accessoire,
qui a sa raison d'être dans l'existence de la créance principale et qui a pour but d'en assurer le paiement. En présence du débiteur qui lui offre ce paiement, le créancier
ne serait pas recevable à refuser ce paiement et à prétendre exercer son droit hypothécaire. Dans le cas où le
défendeur est un tiers détenteur de l'immeuble, la même
solution s'explique rationnellement : c'est une application
du même principe. L'intérêt du créancier à recouvrer le
bien hypothéqué est limité au chiffre même de sa
créance.

33. — Mais si l'ordre du juge n'a pas été exécuté, la
situation n'est plus la même dans les deux cas. Le débiteur ne peut être condamné à payer une somme supérieure
au montant de la dette garantie par l'hypothèque ; le
créancier, qui obtiendrait davantage, serait forcé de restituer ce qu'il aurait reçu en trop. Le tiers détenteur au
contraire laisse-t-il prononcer une sentence contre lui,
le *quantum* de la condamnation pourra dépasser de beaucoup le montant de la dette garantie ; il comprendra la
valeur du bien hypothéqué et l'intérêt du créancier à en
obtenir la remise (1). C'est l'application pure et simple
des principes ; il n'y a en effet aucun lien de droit entre
le créancier hypothécaire et le tiers détenteur ; ce dernier n'est poursuivi qu'à raison du bien dont il est détenteur et dont le créancier lui demande le délaissement.
Par l'action hypothécaire il réclame l'immeuble. La condamnation doit être strictement corrélative à la demande
primitivement introduite ; le demandeur doit donc tout

(1) 21. § 3. D. *de Pign.* XX. 1. — 16. § 6. D. *eod. tit.*

au moins obtenir la valeur du bien hypothéqué. La condamnation à une somme d'argent dans les actions arbitraires est expliquée par les jurisconsultes romains, par une vente fictive ; le demandeur est censé vendre, pour le montant de la *litis æstimatio,* la chose que le défendeur devrait être condamné a lui remettre. Or, cette fiction s'applique parfaitement au cas d'action hypothécaire, puisque le créancier a le droit de vente. Bien que logique, cette solution ne laisse pas d'être trop rigoureuse, car le tiers détenteur pourra être contraint de payer deux fois le prix de la chose hypothéquée, sauf à lui à recourir ultérieurement contre le débiteur. Et en réalité, cette rigueur ne profitait nullement au créancier, qui était obligé de restituer au débiteur le surplus : *Quod amplius debito consecutus creditor fuerit, restituere debet debitori pignoraticia actione.*

34. — Cependant il peut se rencontrer une hypothèse où l'intérêt du créancier sera d'obtenir la chose elle-même. Si le créancier a usé du *jus distrahendi* et qu'il ait vendu la chose hypothéquée, il est tenu, soit de mettre l'acheteur en possession , soit de lui céder son droit. Le débiteur principal, par le fait de la vente, a perdu le droit de payer au créancier le montant de ce qu'il lui doit, et il devra ou livrer la chose hypothéquée ou en payer la valeur.

35. — Au premier abord, il semble étrange qu'un créancier dont la créance non contestée est garantie par un droit réel, n'obtienne par la sentence prononcée à la suite d'une action hypothécaire qu'une nouvelle créance contre le débiteur ou le tiers détenteur (1); mais il ne faut pas s'arrêter à ce résultat apparent : l'action hypothécaire

(1) L'exécution *manu militari* des sentences prononcées par le magistrat ne s'établit que fort tard. Ce mode d'exécution ne prit

assure au créancier soit la remise de la chose, soit le paiement immédial de sa créance.

36. — Dans toutes les *vindicationes* ou actions réelles, le Préteur, avant de délivrer la formule d'action et de renvoyer les parties devant le juge, réglait une question préjudicielle, l'attribution de la possession de la chose litigieuse, pendant la durée du procès. Le défendeur voulait-il conserver cette possession, il était tenu de fournir la *cautio judicatum solvi,* qui assurait l'exécution de la sentence à intervenir. — Si le défendeur ne fournissait pas cette caution, le Préteur en vertu de son *imperium* transférait immédiatement la possession au demandeur. Dès lors les rôles étaient intervertis, et aux prétentions du défendeur primitif dessaisi de la possession, le créancier hypothécaire opposait une exception tirée de son droit réel : « *Si non mihi hypothecæ nomine res obligata fuit.* » Si le défendeur a fourni une caution solvable, qu'importe au créancier poursuivant son droit réel sur la chose ? Il est certain de pouvoir exécuter la sentence qui serait prononcée à son profit et, en dernière analyse, il obtiendra toujours le paiement de sa créance.

37. — L'action Servienne est donnée contre tout possesseur, de la chose hypothéquée. Le plus souvent le possesseur sera la personne qui a constitué l'hypothèque. Mais à moins d'un pacte exprès d'inaliénabilité (1), le constituant, ayant toujours la propriété de la chose hypo-

---

quelque faveur que lorsque la *cognitio extraordinaria* fut admise par les mœurs; il n'a donc pu trouver place dans l'ancienne procédure romaine. Gaius, Com. IV. 48. 68 D. *de rei vind.* VI. 1. Cpr. 6 § D. *de confes.* XLII. 2.— 17 C. *de fideican liber.* VII. 4. Cpr. de Keller. *Actions* § 83. Pellat. *De la propriété,* p. 369.

(1) 7. § 2. D. *de distract, pign.* XX. 5.

théquée conserve la faculté de l'aliéner. Cette aliénation
est parfaitement valable et produit tous ses effets *erga
omnes* (1). Mais en ce qui concerne le créancier hypothécaire, il faut distinguer diverses hypothèses. Il a connu
la vente que se proposait le constituant et il y a consenti
sans réserve, ou bien il a ratifié la vente faite à son insu,
alors il est réputé avoir renoncé à son hypothèque, il perd
le droit de suite. Mais il faut qu'il y ait aliénation réellement effectuée dans les termes de son adhésion, sinon il
reprendrait le plein et entier exercice de ses droits. Si la
vente est effectuée dans ces conditions, le nouveau propriétaire repoussera l'action hypothécaire par l'exception :
*Si non voluntate creditoris veniit* (2).

38. — Si au contraire la vente a eu lieu, sans son consentement, ou malgré son opposition, le droit du créancier
reste entier ; la chose n'est passée aux mains de l'acquéreur que grevée de l'hypothèque, *cum suâ causâ* disent
les textes. Le créancier pourra exercer son droit de suite
contre le tiers détenteur (3).

39. — Dans ce dernier cas, bien que la bonne ou la
mauvaise foi du débiteur n'ait aucune influence sur
l'exercice du droit de suite du créancier, nous devons
signaler immédiatement l'effet produit au point de vue du
recours personnel du créancier contre le débiteur. Le
débiteur sera de bonne foi, lorsqu'il aura vendu en indiquant à l'acheteur la charge hypothécaire grevant le bien
vendu et en lui imposant l'obligation de payer le prix
d'acquisition entre les mains du créancier. L'action per-

(1) 36. D. *de noxal. act.* IX. 4.
(2) 8 § 9 D. *Quil. mod.* XX. 6.
(3) 4. p. D. *eod. tit.* XX. 6.

sonnelle du créancier sera celle résultant du contrat.
Mais si le débiteur vend purement et simplement, il est
réputé commettre un *furtum* et le créancier, non désintéressé par l'acquéreur, peut recourir contre lui à l'aide
des actions nées de cedélit (1).

40. — Le tiers détenteur peut être un créancier
hypothécaire. Alors il s'agit de régler une question de
préférence entre deux créanciers hypothécaires. Si le
détenteur est créancier préférable, il opposera à l'action
hypothécaire l'exception : *Si non mihi ante pignori
hypothecæve nomine sit res obligata*, ou telle autre
exception analogue indiquant la raison d'être de son droit
de préférence. Si au contraire, simplement créancier
hypothécaire mais primé par le demandeur, le défendeur
oppose à l'action hypothécaire intentée contre lui qu'en
détenant l'immeuble, il use de son droit : *si non convenit
ut sibi res sit obligata*, le demandeur répliquera dans des
termes analogues à ceux de l'exception ci-dessus (2).
L'action hypothécaire est donc un des modes d'exercice
du droit de préférence. Ce qui confirme pleinement les
idées que nous avons émises au commencement de ce
travail sur l'exercice du droit de préférence à Rome.

41. — Mais les droits des créanciers hypothécaires
peuvent être équivalents, si l'on suppose une constitution
d'hypothèque faite au même moment et par des pactes
différents, au profit de plusieurs créanciers sur le même
bien (3), ou bien une hypothèque au profit des co-héritiers

_____

(1) *Inst. de Justinien* IV. 1 § 14. — 12 § 2 D. *de furtis* XLVII. 2.

(2) 12. p. D. *qui pot. in pign.* XX. 4.

(3) 10. D. *de Pign....* XX. 1. Une semblable hypothèse se présentera bien rarement, car il faut remarquer que l'hypothèque doit
être consentie par pactes différents ; si elle avait été consentie par
le même pacte à plusieurs créanciers, elle ne frapperait au profit

d'un créancier hypothécaire, ou encore celle établie par la loi au profit de mineurs sur le bien acquis par le tuteur avec leurs deniers (1). Dans tous ces cas, le créancier en possession du bien grevé d'hypothèque conservera cette possession : *In pari causa, melior est causa possidentis.* Le co-créancier intentera en vain l'action hypothécaire, il sera repoussé par l'exception : *Si non convenit ut eadem res mihi quoque pignori esset* (2). Cette solution d'Ulpien ne nous semble qu'une application du principe de l'indivisibilité de l'hypothèque. Le droit de chacun des créanciers hypothécaires grevant la totalité de bien engagé, aucun ne peut être contraint à abandonner une partie de ce bien.

42. — Au possesseur est assimilé celui qui a cessé de posséder par dol, comme dans toutes les actions réelles (3).

43. — La preuve à faire par le créancier variera suivant qu'il aura pour défendeur à l'action hypothécaire le constituant ou un tiers détenteur, ou un créancier hypothécaire. En effet à l'égard du débiteur, le créancier n'a qu'à prouver la convention d'hypothèque (4). A l'égard d'un tiers détenteur, il doit prouver et la convention d'hypothèque et le droit du débiteur de faire cette convention.

de chacun d'eux qu'une part divise de l'objet hypothéqué (16 § 8 *De Pig.* XX. 1.) Dans cette loi, Marcien dit que ce sera une part proportionnelle au montant de chaque créance. Solution qui semble la plus rationnelle, mais qui est contredite par Paul (20 D. *de Pign. act.* XIII. 7) et Ulpien (10 *de Pign.* XX. 1) qui attribuent à chaque créancier une part virile.

(1) 7. pr. D. *Qui pot. in pig.* XX. 4.
(2) 10. D. XX, 1.
(3) 16. § 3. D. *de Pign.* XX. 1.
(4) 13. § 1. D. *Ad Sen. Consul. Vell.* XVI. 1.

Le débiteur qui constitue une hypothèque sur un bien doit avoir la propriété bonitaire de ce bien, car il est nécessaire qu'un droit réel puisse naître. Le Préteur, protégeant cette propriété, trouvait là une base suffisante à la constitution du droit réel. Cette preuve était nécessaire, puisque le tiers détenteur, ayant un droit réel n'émanant pas du constituant et opposable à celui-ci, était fondé à l'invoquer contre le créancier hypothécaire, ayant-cause de ce constituant. Mais il suffisait que la propriété prétorienne existât au profit du débiteur au moment où l'hypothèque a pris naissance (1). Le droit réel, valablement consenti, avait dès lors une existence propre que la volonté ou la négligence du constituant ne pouvait atteindre. En présence d'un tiers détenteur, lui-même créancier hypothécaire, le demandeur devait en outre prouver son droit de préférence (2). Dans le cas où ni le demandeur, ni le défendeur ne pouvaient établir l'antériorité de l'hypothèque consentie à leur profit, ils étaient considérés comme venant au même rang : on appliquait la solution que nous avons vue : le créancier en possession triomphait.

44. — Le mode de preuve le plus ordinaire à Rome était, pour l'hypothèque comme pour tous autres contrats, la preuve par témoins. Mais la preuve par écrit était aussi admise ; peu importait d'ailleurs la forme de cet écrit, qu'il fut fait par acte public ou par acte sous signatures privées, du moins jusqu'à l'empereur Léon. Une constitution de ce prince (3) établit que l'acte sous seing

(1) 23. D. *de prob.* XXII. 3.

(2) 12. p. *Qui pot.* XX. 4.

(3) 11. C. *qui pot.* VIII. 18.— Cette constitution a été interprêtée dans un tout autre sens que celui que nous donnons. On a voulu y

privé (ιδιοχειρα) n'aura plus force probante qu'entre les
parties à l'acte. A l'égard de toutes autres personnes,
notamment des autres créanciers hypothécaires, un tel
acte ne faisait pas foi de la date qu'il portait. Il était
nécessaire de produire un acte public ou quasi-public.
Mais la preuve par témoins conservait toujours son efficacité. Ainsi il n'y avait que ces deux modes de preuve :
un acte public ou quasi-public, ou des témoins.

45. — Le créancier, demandeur à l'action hypothécaire, peut obtenir par l'exécution de l'ordre du juge une
satisfaction immédiate. Le défendeur lui aura remis entre
les mains la chose hypothéquée ; quels seront ses droits ?

46. — Il sera dans une situation identique à celle du
créancier gagiste : il aura la possession. Tous les textes
sont unanimes en ce sens (1). Mais ce mot de possession
ne peut donner une idée exacte de la situation du créancier hypothécaire. Comme possesseur, le créancier est
protégé par les interdits, qui lui permettent de conserver

trouver l'établissement d'un privilège en faveur de toute hypothèque constituée par acte public. Mais de l'ensemble du texte il
résulte que, loin de créer un privilège, l'Empereur Léon ne fait que
manifester pour les écrits privés des craintes légitimes, que nous
retrouvons dans d'autres textes (17 C. *Si certum pet.* IV. 2 — Nov.
LXXIII Ch. 12.) Il met sur la même ligne les actes publics, c'est-
à-dire reçus par un magistrat (*magister Censûs* à Constantinople,
30. C. *de don.* VIII. 54, *præses provinciæ* ou *duumviri et defen-
sores* dans les municipes) et les actes quasi-publics ou actes sous-
seings privés, rédigés en présence de témoins, qui affirmeront en
justice, le cas échéant, la vérité de la date portée au dit acte. Cette
constitution s'occupe donc purement et simplement du mode de
preuve et non de la validité de l'hypothèque ni de la création d'un
privilège. V. Jourdan, *De l'hypothèque,* p. 624 et suiv.

(1) 35 § 1. D. *de l'ign. act.* XIII. 7. — 3 § 15 D. *Ad exhib.* X. 4.
16. D. *de usurp.* XLI. 3. — 40 p. D. *de acq. vel. amit. poss.* XLI. 2.

sa possession ou de la recouvrer, s'il vient à la perdre. Cependant il ne peut se servir, pour son usage personnel, de la chose hypothéquée sans commettre un *furtum* (1) ; il impute les fruits sur sa créance ; il est même obligé de provoquer la production de ces fruits, comme tout bon père de famille. D'autre part le constituant est réputé avoir encore une possession utile *ad usucapionem* (2). Mais ce ne peut être là qu'une possession fictive, car il ne possède pas et le créancier ne possède pas en son nom.

47. — Toutes ces restrictions ont donné naissance à des systèmes contradictoires sur la nature même du droit du créancier hypothécaire. Certains auteurs ont refusé d'une manière absolue toute possession au créancier. Ils n'admettent que la simple détention. L'erreur de ce système se trouve à son point de départ ; car ces romanistes posent en principes qu'un des éléments essentiels de la possession est l'*animus domini ;* or le créancier ne peut évidemment, en qualité de créancier hypothécaire, prétendre avoir l'*animus domini*. Si la conclusion est logiquement déduite, la prémisse est fausse. L'*animus domini* en effet est un condition essentielle de la possession utile à l'usucapion ; mais la possession considérée en elle-même, comme droit protégé par le Préteur, se comprend parfaitement sans cet *animus domini*. Il suffit de l'intention de posséder ; or cette intention n'est nullement contradictoire à la qualité de créancier. Nulle part les textes ne parlent de l'*animus domini*, mais bien d'un

(1) 54. D. *de furtis* XLVII. 2. — § 6 Inst. de Justin. *de oblig. quæ ex delict.* IV. 1.

(2) 16. D. *de usurp*. XLI. 3. — 1 § 15 — 36 D. *de acquir. vel amitt. poss.* XLI. 2.

*animus possidendi, possessionis, possidentis*, d'un *affec-
tus possidendi* (1).

M. de Savigny (2), explique très nettement la situation
du créancier et celle du débiteur ; il reconnaît que seul,
le créancier possède, mais d'une possession particulière,
qu'il qualifie de possession dérivée. Or « il suffit, dit-il,
» pour qu'il y ait possession dérivée, que le possesseur
» considère sa possession comme lui étant transférée
» par un autre ; peu importe d'ailleurs, que la transla-
» tion soit par elle-même valable. » Le créancier hypothécaire n'a pas d'autre idée sur sa possession. Mais cette
définition de la possession dérivée nous semble aussi
malheureuse que l'expression elle-même. N'y a-t-il pas
là une véritable contradiction? La possession dérivée
peut-elle exister sans une possession originaire du débiteur? Il n'était pas nécessaire de désigner la possession
hypothécaire de tel ou tel nom. Ce que nous croyons
utile de retenir est qu'il y a là un droit particulier, une
possession modifiée par la nécessité même de la situation,
par la lutte des intérêts opposés qu'il s'agissait de protéger.

48. — Comme conséquence de cette possession, le
créancier hypothécaire pourra exercer sur la chose donnée en garantie un droit de rétention, soit à raison des
dépenses par lui faites pour la conservation et l'amélioration de cette chose (3), soit à raison de ses créances chirographaires, par application du rescrit de Gordien (4).

(1) 37 D. *de Pign. act.* XIII. 7. — 3. § 1 D. *de acq. vel. amitt.
poss.* XLI. 2. et un grand nombre de textes de ce titre.

(2) *De la possession*, p. 99.

(3) 25 D. *de pig. act.* XIII. 7.

(4) Un. C. *Etiam ob chir.* VIII. 27.

Du moment qu'il est en possession, *in possessione
constitutus*, le créancier aura le droit d'exiger le remboursement de simples créances chirographaires, ou bien
il conservera la chose hypothéquée ; mais il n'y a là qu'un
simple droit de rétention et non pas une hypothèque
tacite, aussi le créancier ne pourra plus user du droit de
vente ; il ne pourra non plus opposer ce droit de rétention à un autre créancier hypothécaire. Le rescrit de
Gordien ne précise que l'hypothèse où il s'agit d'une
somme d'argent prêtée. Peut-être faut-il restreindre l'application du droit de rétention au cas où la dette est
liquide et facilement compensable, le fondement de ce
droit de rétention étant tout entier dans cette idée que, si
le créancier eût vendu le bien hypothéqué, il eût pu opposer la compensation pour ces créances.

49. — La demande du créancier hypothécaire peut
être repoussée à l'aide de diverses exceptions. Nous en
avons déjà vu plusieurs (1) qui ont un effet absolu et
font écarter la demande hypothécaire d'une manière définitive. D'autres au contraire ont un caractère purement
dilatoire ; le détenteur oppose un droit qui doit être res-
pecté ; tant qu'il n'a pas reçu satisfaction, la demande du
créancier hypothécaire est paralysée.

50. — *1° Droit de rétention* (2). — Celui qui a fait des
impenses pour conserver ou améliorer la chose hypothéquée a droit à une indemnité. Si cette indemnité lui est
refusée, il peut retenir la chose. Il est bien évident que le
tiers détenteur seul peut invoquer l'exception naissant de

_____

(1) V. plus haut. n^{os} 37, 40, 41.

(2) Cette exception, ainsi que les deux autres ci-après, est ordinairement proposée sous la forme d'*exceptio doli mali*.

ee droit de rétention. Le défendeur à l'action hypothécaire obtiendra ainsi le remboursement des dépenses par
lui faites, au moins jusqu'à concurrence de la plus-value,
*quantenus pretiosior res facta est* (1), C'est l'application
des règles du droit commun sur le droit de rétention. Et
cependant nous trouvons un texte d'Afrîcain, qui semble
donner une solution contraire (2). Nous ne pouvons admettre la conciliation proposée, qui se fonde sur l'interprétation suivante : Africain signalerait une différence
entre l'acquisition volontaire et l'envoi en possession par
suite du refus de donner la caution *damni infecti,* sans
en indiquer les conséquences. Mais la question que se
pose le jurisconsulte : *Cur ergo non emptori quoque id
tribuendum est si forte quis insulam pignoratam eme-
rit ?* indique assez que la différence signalée est la
cause du refus du droit de rétention, qu'implique la forme même de la question. Nous ne chercherons donc pas
à concilier ces deux textes, et nous écarterons, au nom
des principes, la solution donnée par Africain. D'ailleurs
un privilége s'était établi au profit de tout créancier hypothécaire, qui avait fait des dépenses utiles à la conservation ou à l'amélioration de la chose hypothéquée ; or, il y
a identité entre les deux situations et le détenteur doit
jouir du droit de rétention au même titre que le créancier hypothécaire du privilége *propter versionem in
rem* (3).

(1) 29 § 2. D. *De Pig.* XX. I.
(2) 44 § 1. D. *De dam. infect.* XXXIX. 2.
(3) Toutefois il est une limite à l'exercice de ce droit de rétention du tiers détenteur et nous croyons qu'il faut appliquer, par
analogie, la solution de la L. 25. 2. *de Pig. act.* XIII. 7. Si le tiers
détenteur a de mauvaise foi fait des dépenses considérables pour

51. — *2° Bénéfice de cession d'action.* — Quiconque, obligé avec d'autres ou pour d'autres, a exécuté l'obligation, peut exiger du créancier la cession des droits et actions de ce dernier contre le principal obligé ou les coobligés. Nous trouvons ici encore une exception dilatoire que le détenteur pourra opposer à l'action servienne, soit qu'il ait acquis du débiteur la chose hypothéquée, soit qu'il ait constitué l'hypothèque pour garantir la dette d'un tiers (1). Il offrira d'exécuter *l'arbitrium* du juge, ou de payer le *litis æstimatio*, sous la condition de cette cession d'actions. Mais il faut que le détenteur soit possesseur de bonne foi, *justus possessor*, dit le texte. De plus cette cession ne peut nuire au créancier, qui ne saurait être contraint à la faire, dans le cas où l'hypothèque garantirait d'autres créances (2). Il est nécessaire en outre que cette cession précède ou accompagne le paiement, sinon la créance étant éteinte, il n'y aurait plus pour le créancier possibilité de céder aucun droit (3).

52. — Le détenteur, qui a désintéressé le créancier hypothécaire pourra, en vertu de cette cession, recourir, pour la totalité de ce qu'il a payé, contre le débiteur qui seul a profité de l'extinction de la dette, si le détenteur n'était pas tenu personnellement. Dans le cas où il existerait d'autres détenteurs d'immeubles affectés aussi à la garantie hypothécaire de la même créance, le détenteur,

échapper au droit de suite, il ne serait pas fondé à réclamer la totalité des dépenses ou de la plus-value. Le juge aura un pouvoir d'appréciation.

(1) 19. D. *qui potior*. XX. 4.
(2) 2. C. *de fidejus*. VIII. 41.
(3) 76. D. *de solut*. XLVI. 3.

qui a payé, aura fait aussi leur affaire, mais il ne pourra exercer de recours contre chacun d'eux que proportionnellement à leur intérêt, *pro ratâ portione* ; en l'absence de textes spéciaux à l'hypothèque, nous croyons faire ici une saine application des règles de la fidejussion (1).

53.— Le détenteur qui a payé peut se trouver en présence de cautions. Jusqu'à Justinien, il ne pouvait, à moins de conventions contraires, recourir contre elles à l'aide des actions du créancier ; ses cautions étaient réputées ne s'être engagées qu'à raison même des garanties qui assureraient déjà le paiement de la dette. Parfois même elles ne cautionnaient que ce qui ne serait pas payé par le prix de vente de la chose hypothéquée (2). La Novelle IV (3) modifia cet état de choses, et en établissant au profit des tiers détenteurs le bénéfice de discussion, supprima l'intérêt de la question qui nous occupe.

54. — 3° *Bénéfice de discussion.* — En principe, le créancier, qui a une hypothèque générale ou une hypothèque frappant plusieurs biens, à moins de conventions spéciales, peut exercer son droit sur quel bien il lui plaît. Cependant quand le même créancier a une hypothèque spéciale et une hypothèque générale, il doit d'abord réaliser le bien affecté spécialement à la garantie de sa créance. Le détenteur d'un bien frappé de l'hypothèque générale peut, sur la poursuite dirigée contre lui par le créancier, renvoyer ce dernier à la discussion préalable du bien grevé de l'hypothèque spéciale. C'est le bénéfice de discussion, que nous trouvons indiqué dans les constitutions de Sévère

(1) 17. D. *De fidej.* XLVI, 1.
(2) 11 et 14 C. *De fidej.* VIII, 41.
(3) Ch. 2.

et Antonin et de Dioclétien (1). Ce bénéfice repose sur l'intention présumée des parties : l'hypothèque générale n'est considérée que comme une garantie subsidiaire. Aussi est-il nécessaire que la constitution d'hypothèque spéciale précède ou accompagne celle d'hypothèque générale (2) ? Dès lors tout détenteur, le débiteur lui-même pourra invoquer cette exception, sauf toutefois le cas où le tiers détenteur pourra invoquer l'exception née du bénéfice de discussion que nous trouvons dans la Novelle IV.

55. — Justinien, en effet, prétendant remettre en vigueur une loi ancienne, (que des commentateurs n'on. pu encore désigner), établit que le créancier ne pourra poursuivre les tiers détenteurs des biens hypothéqués, que quand le débiteur principal et les cautions, s'il y en a, auront été vainement actionnées en paiement de la dette garantie.

Comme sanction de cet ordre établi pour les poursuites, il accorde une exception qui permet au tiers détenteur de renvoyer le créancier à la discussion de ceux qui sont tenus personnellement de la dette (3). Mais ce bénéfice de discussion doit être opposé, sinon le créancier conserve sa liberté d'action et ne saurait être rendu responsable de l'insolvabilité de l'un ou de l'autre des débiteurs personnels (4).

(1) 2. C. *de pign.* VIII, 14. —9 C. *de dist. pign.* VIII, 28.

(2) 2. D. *Qui potior.* XX, 4.

(3) Avant Justinien, le créancier pouvait poursuivre à son gré le tiers détenteur ou les cautions (8 et 14 C. *de pign.* VIII, 41. — 2 et 28 C. *de fidej.* VIII. 41.) La loi 10 C. *de pign.* VIII, 14, ne s'occupe en réalité que d'une sommation de payer à faire au débitant et ne modifie en rien le droit du créancier d'employer la voie qui lui semble la plus sûre pour arriver au paiement, l'action personnelle ou l'action hypothécaire.

(4) Accarias. Précis de droit romain, T II, p. 363.

En cas d'absence du débiteur, le tiers détenteur ne peut se prévaloir d'une manière absolue de cette exception ; à l'expiration du délai, fixé par le juge et pendant lequel le défendeur doit faire comparaître le débiteur, le créancier poursuit sans obstacle l'action hypothécaire.

56. — Jusqu'ici nous avons examiné l'hypothèse la plus simple, celle où la dette principale est exigible et l'hypothèque actuelle. Mais le créancier hypothécaire conditionnel pourrait-il agir, *pendente conditione?* Le jurisconsulte Marcien examine la question à deux points de vue différents (1)

Si la créance principale est conditionnelle, l'hypothèque fut-elle consentie purement et simplement, le créancier ne saurait agir avant la réalisation de la condition de l'obligation principale.

Au contraire, si la dette est pure et simple, mais que l'hypothèque soit conditionnelle, avant la réalisation de la condition, le créancier agissant hypothécairement ne peut prétendre enlever au détenteur la chose hypothéquée. Cependant le jurisconsulte ajoute que le juge ordonnera au défendeur de fournir caution, pour assurer la restitution du bien hypothéqué au cas où le débiteur ne serait pas libéré à l'époque de la réalisation de la condition.

57. — Peut-on conclure de ce texte que l'action hypocaire était recevable dans l'hypothèse d'une dette à terme ? Les expressions dont se sert le jurisconsulte permettent de l'affirmer. Marcien en effet oppose la dette conditionnelle au *præsens debitum.* Or, on peut dire que la créance à terme, bien que non exigible, est due actuellement par opposition à la créance conditionnelle, qui

(1) 13. 5. D. *de Pign.* XX. 1.

est éventuelle, et dont l'existence même dépend de la réalisation de la condition. Pour confirmer cette opinion, nous pouvons invoquer le témoignage d'Ulpien (1) qui donne la même solution ; car bien que relative à une espèce où il s'agit d'un bail à ferme, l'opinion d'Ulpien nous semble devoir s'appliquer à tous les cas d'hypothèque garantissant une dette à terme. Mais il faut que l'action hypothécaire, intentée avant l'exigibilité de la dette, soit basée sur l'intérêt du créancier, qui justifie du dépérissement de l'objet de la garantie entre les mains du débiteur. Dans cette hypothèse, ce sera une véritable mesure conservatoire. Si l'exercice de cette action n'était pas possible avant l'arrivée du terme, la garantie donnée serait illusoire ; l'hypothèque en effet n'est-elle pas, par son caractère même, destiné à assurer le paiement des créances à terme ?

# CHAPITRE II

—

### INTERDIT SALVIEN

58. — A côté de l'action réelle, le bailleur d'un fonds rural qui avait pour garantie du paiement des fermages une hypothèque sur les capitaux d'exploitation, apportés

_____

(1) 14. D. *de pign.* XX. 1.

par le fermier, pouvait user d'un moyen sommaire pour se faire mettre en possession de ces objets, de l'interdit Salvien. Ce fut la forme primitive de l'exercice du droit hypothécaire, le point de départ de la conception du droit réel prétorien garanti par une action. Bien que l'interdit continuât d'exister, l'action servienne lui fit perdre toute utilité ; c'est ce qui explique le petit nombre de textes relatifs à cet interdit, dans les compilations de Justinien. Le seul intérêt qu'il offrit était la simplicité de la preuve à faire et la rapidité plus grande de l'exécution qui avait lieu en vertu de l'*auctoritas pretoris*. Mais cette procédure sommaire ne pouvait aider à résoudre, d'une façon définitive, les difficultés qui surgissaient entre le créancier et le détenteur, l'action servienne s'imposait alors. Cet inconvénient grave dut le faire tomber peu à peu dans l'oubli.

59.— Cet interdit, qui porte le nom du Prêteur, qui le premier l'accorda, était un interdit prohibitoire, *adipiscendæ possessionis*. Le magistrat intimait au détenteur l'ordre de ne pas s'opposer à ce que le créancier se mît en possession des choses hypothéquées. Bien que ce caractère prohibitoire ait été contesté, on ne saurait méconnaître qu'il n'est pas incompatible avec le but de l'interdit, l'acquisition de la possession, et que la défense de s'opposer « *vim fieri* » est beaucoup plus efficace que l'ordre de restituer qui pourrait être donné par le Prêteur. D'ailleurs tous les interdits, ayant pour objet une *apprehensio*, sont prohibitoires. Comme conséquence de ce caractère, l'emploi d'une *sponsio pœnalis* était inévitable, *sponsio* qui assurait le respect de la défense faite par le Prêteur.

60. — Cet interdit appartient au propriétaire du fonds

rural, *dominus fundis*. Mais c'est en qualité de bailleur qu'il peut invoquer cet interdit ; aussi est-il assez juste de reconnaître le droit à l'interdit à tout bailleur, qu'il soit propriétaire ou simplement locataire principal du fonds.

61. — Mais, par analogie à l'action *quasi-servienne* qui est née de l'action *servienne* appliquée à tous les cas d'hypothèque, n'existe-t-il pas au profit de tous créanciers hypothécaires un interdit *quasi-servien?* Nous ne le croyons pas. Les textes ne supposent nulle part expressément l'existence de cet interdit, et ceux qui ont été invoqués en sa faveur peuvent être interprêtés très-clairement sans qu'on ait recours à une semblable hypothèse (1).

62. — Cet interdit était donné contre le débiteur du fermage ; pouvait-il être demandé contre tout tiers détenteur ? C'est une question importante. Si l'interdit Salvien ne pouvait être exercé contre les tiers détenteurs, il faudrait renoncer à trouver là l'origine de l'action hypothécaire. Les fragments du Digeste sont formels pour reconnaître au créancier le droit de demander l'interdit contre un tiers détenteur. Une esclave, qui était du nombre des biens apportés par le fermier et hypothéqués à la garantie du paiement du fermage, a été vendue. Le

---

(1) 2. § 3 D. *de Interd.* XLIII. 1. — Paul Sent. V. 6. 16. — 3. C. *de Pign.* VIII. 14. — 1. C. *de prec. et salv. interd.* VIII. 9. Cette dernière constitution ne saurait être invoquée comme un argument sérieux en faveur du système qui admet l'interdit quasi-Salvien, si parmi les nombreuses interprétations données par les jurisconsultes, on accepte celle que nous regardons comme la plus probable : ce texte serait une preuve d'un changement de législation résultant de l'usage de moins en moins fréquent de l'interdit Salvien.

créancier aura contre l'acquéreur un interdit utile pour obtenir la possession du part de cette esclave, né après la vente. *A fortiori* le créancier aura l'interdit contre l'acheteur, pour obtenir l'esclave. D'ailleurs le § 1 de cette loi reconnaît formellement l'efficacité de l'interdit Salvien contre un étranger, *adversus extraneum*. Mais la constitution première du titre de *Salviano Interdicto*, au Code, a fait naître le doute à ce sujet. L'Empereur Gordien examine en effet l'hypothèse où la chose engagée a été vendue par le débiteur, sans que le créancier ait renoncé à son gage, et il déclare que ce dernier a conservé l'entier exercice du droit de suite, qu'il pourra agir soit par l'action Servienne, soit par l'action quasi-Servienne ; il ajoute que la poursuite ne saurait être effectuée à l'aide de l'interdit Salvien « *id enim tantummodo adversus conductorem debitoremve competit*». Ce passage a exercé la sagacité des commentateurs, sans qu'une interprétation satisfaisante ait pu être donnée. Mais nous admettons assez volontiers qu'il y a contradiction éntre le texte du Code et celui du Digeste, que cette constitution constate un droit nouveau, qui se conçoit facilement, si l'on considère la désuétude dans laquelle dut tomber cet interdit, après la naissance de l'action hypothécaire. Nous reconnaissons donc que le créancier ne pourra, aux termes de cette constitution, demander l'interdit que contre le fermier, débiteur principal.

63. — Le but de l'interdit Salvien était de faire acquérir au créancier la possession des objets hypothéqués. Une fois acquise, cette possession était désormais protégée par les interdits possessoires ordinaires et l'interdit Salvien n'était pas donné utilement une seconde fois.

# CHAPITRE III

—

## AUTRES VOIES DE DROIT

64. — En sa qualité de créancier hypothécaire, le créancier pouvait exercer contre les tiers diverses actions, qui toutes ont la même raison d'être et le même but que les actions servienne et quasi-servienne : l'intérêt du créancier et l'intégrité de son droit réel.

65. — L'action confessoire de servitude a un caractère commun avec l'action hypothécaire : c'est une des formes de la *vindicatio* ; le créancier pouvait l'exercer (1). Dans le cas où le fond hypothéqué jouit d'une servitude sur le fonds voisin, l'intérêt du créancier est d'affirmer et de faire respecter cette servitude, qui constitue une partie de la valeur du fonds hypothéqué. Quelle sera la portée de l'action confessoire intentée par le créancier hypothécaire ? La condamnation sera-t-elle limitée à l'intérêt même du créancier ? Ou au contraire, ce dernier pourra-t-il réclamer la valeur intégrale de la servitude ? Les textes sont muets sur la question, mais les principes généraux nous font admettre que la condamnation prononn-

(1) 16. D. *de servitut.* VIII. 1.— 4. § 3. D. *Si servit. vind.* VIII. 5.

cée au profit du créancier hypothécaire devra être du montant de la valeur de la servitude (1). Le créancier imputera ce qu'il aura ainsi obtenu sur le chiffre de sa créance.

66. — Au même titre et pour les mêmes raisons, l'action négatoire était ouverte au créancier.

67. — Toutes actions civiles ayant pour but de prévenir un dommage plus ou moins prochain, d'assurer la réparation d'une perte ou d'éviter un amoindrissement probable de la chose donnée en garantie, telles que la *novi operis denunciatio* (2), la *cautio damni infecti* (3), l'action en bornage, appartenaient aussi au créancier (4).

68. — Mais la perte partielle ou totale du bien hypothéqué peut résulter d'un délit. Si la chose est mobilière, elle peut être volée. Le *furtum* donne naissance à diverses actions au profit du propriétaire : celui-ci peut exercer l'*actio furti* et concurremment, soit la *rei vindicatio*, soit la *condictio furtiva*. L'action *furti* est une action pénale ; elle appartient à tous ceux qui avaient un intérêt quelconque à ce que la chose ne fût pas volée ; le créancier hypothécaire pourra donc l'exercer (5). Mais en principe la *condictio furtiva*, comme la *rei vindicatio*, ne peut être exercée que par le propriétaire de la chose volée. Nous trouvons, en faveur du créancier hypothécaire, une exception au principe que nous venons de poser ; il a droit

(1) La même question relative au montant de la condamnation prononcée à la suite de l'action hypothécaire est résolue en ce sens par les textes. (V. n° 33.)

(2) 9. D. *de oper. nov. nunc.* XXXIX. 1.

(3) 11. D. *de damn. infect.* XXXIX. 2.

(4) 4. § 9. D. *fin. reg.* X. 1.

(5) 10, 11 et 15. *D. de furtis*, XLVII. 2.

d'exercer la *condictio furtiva* (1). Cette exception est très-rationelle : le créancier n'est ni propriétaire, ni réputé tel ; mais il a un droit réel sur la chose volée, droit qu'il peut exercer par une sorte de *vindicatio,* car la *condictio furtiva* a été imaginée pour suppléer la *rei vindicatio* dans les cas où elle ne peut plus être exercée, si la chose volée·a péri par cas fortuit par exemple. Si le créancier ne pouvait user de la *condictio furtiva,* il se trouverait complétement dépouillé dans l'hypothèse que nous venons de supposer. Les condamnations prononcées à la suite de ces actions sont simples ; mais celle de l'action *furti* sera du double ou du quadruple de la valeur de la chose volée. Ici encore le créancier doit tenir compte au débiteur du montant de ces condamnations et lui restituer ce qu'il aurait reçu en trop sur le montant de sa créance. Toutefois quand c'est le débiteur lui-même qui est l'auteur du vol (2), la condamnation pénale prononcée contre lui reste toute entière entre les mains du créancier ; s'il en était autrement, la condamnation serait illusoire (3).

69. — Du vol on peut rapprocher le délit prévu et puni par la Loi Aquilia. Toutefois les jurisconsultes n'ont pas admis sans difficultés le créancier hypothécaire à exercer l'action naissant de ce délit. La preuve en est dans le caractère subsidiaire de cette voie de recours ; le créancier ne pourra agir ainsi que dans des cas extrêmes, soit parce qu'il ne peut plus exercer son action personnelle

---

(1) 1. *D. de cond. furt.* XIII, 1. — 22. p. *D. de pig. act.* XIII. 7.

(2) Bien que propriétaire de la chose hypothéquée, le débiteur peut se rendre coupable de vol, § 14. Inst. *de oblig. quæ ex delict. nas.* IV. 1. 2 § 2. *D. de furtis* XLVII. 2.

(3) 22. 2. *D. de pign. act.* XIII. 7.

4

contre le débiteur, soit parce que celui-ci est insolvable, et il n'obtiendra jamais que le montant de sa créance (1).

70. — Toutes ces actions ne sont que l'exercice même du droit du créancier hypothécaire, droit réel opposable à tous. Il nous reste à signaler un cas particulier où il ne s'agit plus, directement du moins, de l'intégrité du droit hypothécaire ; nous voulons parler de l'action en partage dans laquelle le créancier peut être partie, soit comme demandeur, soit comme défendeur (2). Les textes prévoient deux hypothèses ; un créancier a une hypothèque sur une part indivise d'un bien, ou plusieurs créanciers ont chacun une hypothèque *in solidum* sur la chose de leur débiteur. Dans la première hypothèse, si le créancier fut resté en dehors du partage, l'hypothèque n'eût pas été transportée sur la part divise du débiteur ; elle eut continué à grever chacune des parts divises de l'immeuble ou l'immeuble entier pour la quote-part indivise primitivement convenue (3). Au contraire, le créancier est-il partie à l'action divisoire, les résultats lui seront opposables ; s'il y a des parts divises, l'hypothèque ne frappera plus que la part du débiteur ; si l'adjudication a eu lieu au profit du créancier hypothécaire, celui-ci pourra réclamer du débiteur, qui lui offrirait le paiement de sa créance, le prix de l'adjudication, et le forcer à reprendre le bien tout entier, car l'adjudication n'est pas considérée comme une vente volontaire ; il y a une sorte d'accession par la réunion sur une seule tête des différents droits des

(1) 27. *D. de pign.* XX. 1. — 30 § 1. *D. Ad leg. Aquil.* IX. 2.

(2) 7. § 6. *D. comm. divid.* X. 3.

(3) 7. § 4. *D. quib. mod. pig.* XX. 6. *Utriusque pars pro indiviso pro parte dimidia manebit obligata.*

propriétaires indivis. Enfin, en troisième lieu, l'adjudication peut avoir été prononcée au profit du co-propriétaire ; le prix d'adjudication devra être versé aux mains du créancier, qui sera dans la même situation que s'il avait vendu le bien hypothéqué (1).

71. — Dans la seconde hypothèse, où il y a lieu à l'action *communi dividendo* entre deux créanciers qui ont chacun une hypothèque *in solidum* sur le même bien, le créancier, qui offrira le dividende le plus élevé, sera déclaré adjudicataire. Les effets seront les mêmes que dans la précédente hypothèse : le créancier sera fondé à prétendre au remboursement du prix d'adjudication en outre du montant de sa créance ; et la chose hypothéquée lui garantit ce remboursement (2).

Ainsi l'action *Communi dividundo* est donnée au créancier, dans son intérêt, pour lui faciliter la réalisation de la chose hypothéquée à sa juste valeur, mais elle appartient aussi à tous intéressés contre le créancier, dans leur intérêt personnel, l'indivision étant une situation juridique anormale, et le plus souvent un obstacle à l'exercice des droits les plus légitimes.

(1) 7. § 13. *D. comm. divid.* X. 3. Cette loi prévoit une espèce assez singulière . le créancier a vendu, mais n'a pas encore opéré la tradition de la part indivise de la chose ; puis il est actionné en partage et il se rend adjudicataire ; l'acquéreur sera contraint de prendre la chose toute entière à raison de cette sorte d'accession, *quia haec pars beneficio alterius venditori accessit.* 29. *D. famil. ercis.* X. 2.

(2) 7. § 12. *D. communi dividendo.* X. 3.

# III

# DROIT DE VENDRE

72. — Lorsque la créance garantie par l'hypothèque est venue à échéance, le créancier peut réaliser à son profit l'objet donné en garantie : c'est le droit de vendre, *jus distrahendi*. Ce droit, nous l'avons vu, est de l'essence même de l'hypothèque. Si le *jus distrahendi* n'existait pas, l'hypothèque ne serait, dans la plupart des cas, qu'une sûreté illusoire. La *Lex commissoria* est prohibée ; le pacte *de vendendo* est devenu de style ; il est réputé sous-entendu, quand il n'existe pas de convention au sujet de la vente ; enfin le pacte *de non vendendo* est absolument impuissant à arrêter la réalisation du bien hypothéqué. Tel nous trouvons, dans les textes compilés par Justinien, le *jus distrahendi*.

Nous examinerons les conditions nécessaires à la validité de la vente du bien hypothéqué, les effets de cette vente au point de vue de l'acquéreur, du créancier et du débiteur et l'*impetratio juris domini*.

# CHAPITRE Ier

## CONDITIONS DE VALIDITÉ DE LA VENTE

73. L'hypothèque consentie par le débiteur confère au créancier le *jus distrahendi*. Mais l'exercice de ce droit est limité : le créancier hypothécaire premier en rang, *prior creditor*, vend seul utilement le bien hypothéqué. Toute vente opérée par un créancier hypothécaire autre que le *prior creditor* ne serait pas opposable à ce dernier et l'acquéreur poursuivi serait contraint, soit de lui retransférer la possession de l'objet hypothéqué, soit de lui payer le montant de sa créance.

74. — Mais il n'est pas nécessaire que ce soit le créancier lui-même qui opère la *distractio*. La vente peut être consentie soit par un mandataire conventionnel, et un mandat spécial n'est pas nécessaire (1), soit par un mandataire légal. Le tuteur ne peut, il est vrai, vendre

______

(1) 5 § 3 D. *de rebus eorum* XXVII. 9. — Si dans la L. 7. § 1. D. *Quid. mod. pign.* XX. 6. le *procurator omnium bonorum* n'a pas qualité pour consentir à une vente de bien hypothéqué, c'est que, dans l'espèce il s'agit d'autoriser le débiteur à vendre lui-même et cette autorisation est réputée une renonciation à l'hypothèque.

sans autorisation les immeubles de son pupille ; mais en aucune hypothèse, il ne saurait être question des immeubles du mineur ; poursuivre la vente d'un immeuble hypothéqué à la garantie d'une créance du mineur, c'est un acte d'administration du tuteur, comme le recouvrement de toutes créances (1).

75. — Peu importe que le créancier soit ou non en possession de la chose hypothéquée. Cependant il pouvait avoir grand intérêt à exiger cette possession, la vente se faisait dans des conditions plus avantageuses et les acquéreurs, n'ayant plus à courir les risques d'un procès, pouvaient offrir un prix plus élevé (2).

76. — Un autre cas où la possession de la chose hypothéquée présenterait un intérêt sérieux est celui de plusieurs créanciers ayant chacun une hypothèque *in solidum*, sur le même objet. Chacun d'eux pourra vendre valablement, mais, seul parmi les acheteurs, deviendra propriétaire incommutable celui qui aura contracté avec le créancier hypothécaire possesseur et qui aura reçu la possession de la chose. Chacun des acquéreurs a un droit égal à celui de ses co-acquéreurs ; mais, à raison même de ce droit, le possesseur opposera victorieusement à l'action des autres acquéreurs l'exception *nisi ab eo res empta est cui ante erat obligata* (3).

77. — Le créancier a le droit de vendre la chose hypothéquée ; mais il n'y peut être contraint. Le débiteur n'est pas recevable à lui reprocher d'avoir laissé échapper l'occasion de réaliser à sa plus haute valeur l'objet donné

---

(1) 5 § 3. D. *de reb. cor.* XXVII. 9.

(2) 13. D. *de distract. pign.* XX. 5. — Cpr. 12. D. *de divers. temp. præscr.* XLIV. 3.

(3) 12. D. *Qui potiores* XX. 4. — 18. C. *De dist. pig.* VIII. 28.

en garantie. Toutefois le créancier hypothécaire est responsable de son dol, mais de son dol seulement. Le principe, qu'il doit agir dans l'intérêt du débiteur, fléchit quand l'intérêt personnel du créancier est en jeu. Or au moment de la vente, c'est-à-dire de l'exécution du pacte d'hypothèque, il ne saurait être question de l'intérêt du débiteur (1).

78.—Pour que le créancier puisse exercer le *jus distrahendi*, il est nécessaire que la créance principale soit exigible, l'hypothèque n'étant qu'une garantie. S'il y a un terme, il faut qu'il soit arrivé ; le délai accordé par le créancier, s'applique au *jus distrahendi* comme à la créance principale. Dans le cas de créance conditionnelle, la condition doit être réalisée. En un mot, il est nécessaire que le créancier puisse exiger l'exécution de l'obligation garantie par l'hypothèque (2).

79. — La créance est payable par annuités : si le débiteur ne paie pas une de ces annuités, le créancier aura-t-il le droit d'exercer le *jus distrahendi*? Pomponius (3) s'attache aux termes de la convention, pour décider que tantôt il faudra attendre l'échéance de la dernière annuité et tantôt le créancier pourra poursuivre, dès qu'une annuité échue n'aura pas été payée. Mais quand il sera impossible d'établir les termes de la convention, dans le silence des textes et par application du principe de l'indivisibilité de l'hypothèque, nous croyons qu'il faut reconnaître au créancier le droit de vendre, dès que le débiteur n'exécute pas ses engagements aux époques convenues.

(1) 6. D. *de pig. act.* XIII. 7.
(2) 5. § 1 D. *Quib. mod. pig.* XX. 6. — 4. D. *de dist. pign.* XX. 5.
(3) 8. § 3. D. *de pign. act.* XIII. 7.

80. — L'exigibilité est la seule condition imposée par les textes. Il n'est pas nécessaire en effet que la créance soit liquide. Sinon ce serait provoquer toutes les mauvaises chicanes d'un débiteur désireux de mettre obstacle a la vente. Le débiteur ne peut en effet arrêter la vente qu'en faisant des offres sérieuses (1), c'est-à-dire suivies de consignation. Plusieurs textes sont formels en ce sens. On ne saurait opposer sérieusement la loi 5. C. *de dist. pig.* VIII, 28, qui ne parle que d'une offre, *oblatio.* C'est un arrêt d'espéce, qui ne prévoit pas la procédure d'offres. Il pouvait y avoir contestation sur le chiffre de la somme offerte ; le créancier ne pouvait alors passer outre à la vente. S'il ne s'arrêtait pas et que les offres fussent déclarées suffisantes, la vente n'avait produit aucun effet : *improba alienatio proprietatis jus non auferet.* Solution très juridique : les offres réelles, suivies de consignation, étaient réputés un paiement (2) ; or le paiement éteint l'hypothèque et le créancier n'a plus le droit de vendre.

81. — Le créancier peut faire vendre la chose hypothéquée, sans mettre en demeure le débiteur ; c'est du moins l'opinion admise par Cujas, Doneau et Pothier (3), opinion qui a pour elle le silence des textes et qui se fonde sur les principes mêmes de la matière. La *mora* entraîne pour le débiteur, qui est en faute, des peines

___

1) 10. D. *de pign. act.* XIII, 7. 3. C. *si antiquior* VIII. 20. — Rub. *debitorem venditionem pignorum impedire non posse* C. VIII. 29 et L. 2.— 8. C. *de dist. pig.* VIII. 28.

(2) 9 C. *de solut.* VIII. 43.

(3) Cujas (*in tit. cod. de distract. pign. — In Papia. lib. XI Resp. ad. L. 4 de dist. pign.*)—Doneau *de pign. et hyp.* Cap. X. —Pothier *Pand. XX. 5. art.* 1. § 4.

pécuniaires. Or l'exercice du *jus distrahendi* n'est pas une peine, mais la réalisation de l'hypothèque, de la garantie donnée par le débiteur ; c'est un mode de paiement. L'hypothéque d'ailleurs peut garantir une obligation naturelle. Le débiteur ne saurait être mis en demeure d'acquitter cette obligation ; et cependant le créancier a le droit d'exercer le *jus distrahendi*. — En fait, il y avait probablement un avertissement officieux de la part du créancier.

82. — Si la mise en demeure n'était pas exigée, *a fortiori* on ne pouvait demander que la dette principale fût reconnue ou qu'une sentence eût condamné le débiteur à la payer. D'ailleurs, le débiteur n'était pas, par le fait, à la merci d'un créancier qui aurait outrepassé ses droits. Le propriétaire de la chose hypothéquée conservait sa propriété, dans le cas où la dette principale n'existait pas ; il avait donc la revendication contre les tiers détenteurs ; il avait aussi une action personnelle contre le prétendu créancier hypothécaire, pour obtenir réparation du préjudice que lui causait une telle vente.

83. — Ce droit de vendre peut être exercé pour une partie de la créance comme pour la créance entière ; c'est une conséquence de l'indivisibilité de l'hypothèque (1).

84. — Tout ce qui peut être vendu peut être hypothéqué, tel est le principe de l'hypothèque à Rome : *quod emptionem venditionemque recepit, etiam pignorationem recipere potest* (2). Mais si postérieurement à la constitution d'hypothèque, la chose grevée de ce droit réel, est frappée d'inaliénabilité, le créancier conserve

_____

(1) 8. § 2. D. *de pign. act.* XIII. 7.
(2) 9 § 1 D. *de pig. et hypoth.* XX. 1.

néanmoins tous ses droits, même le droit de vendre. Les biens des mineurs, par éxemple, s'ils ont été hypothéqués par le père de son vivant ou s'ils l'ont été par le tuteur avec l'autorisation du magistrat peuvent être vendus, comme tous autres biens hypothéqués (1). Il en est de même de l'immeuble frappé de totalité (2) et de l'immeuble hypothéqué frappé d'inaliénabilité par un testament(3) Mais il est évident que la solution est toute autre, si l'inaliénabilité existait au jour de la convention d'hypothèque. Si un bien dotal a été hypothéqué pour sûreté d'une dette qui n'est pas personnelle à la femme, le créancier ne pourra le vendre, à moins que le mari n'ait agi frauduleusement en hypothéquant le bien comme lui étant personnel (4).

85. — La vente devait être précédée de quelques formalités de publicité, très-simples d'ailleurs, et qui n'étaient qu'une conséquence du principe que le créancier devait agir de bonne foi. On trouve dans Cicéron et dans Pline des indications relatives à cette publicité *proscriptio* (5). Elle avait pour but de faire atteindre à la chose vendue un prix sérieux, en appelant les amateurs, et en prévenant les intéressés. De plus le débiteur était prévenu directement de la vente par une *denuntiatio ;* ainsi il était mis à même de surveiller la vente et même de l'arrêter par un paiement. Là se bornent les formalités de

(1) 1. § 2. D. *de reb. cor.* XXVII. 9. — 7. § 1. eod. tit.
(2) 1. pr. D. *de fundo dot.* XXIII. 5.
(3) 1. C. *Debit. vendit.* VIII. 29.
(4) 11. C. *de distr. pig.* VIII. 28.
(5) Cicéron, *De officiis* III. 13. — Pline, *Epist.* VII. 27. — 15 § 32. D. *de injur. et famos. libel.* XLVII. 10. — 4. C. *de distr. pig.* VIII. 28.

publicité ; les créanciers postérieurs n'étaient pas partie
à la vente ; d'ailleurs les hypothèques étant occultes, ils
étaient la plupart du temps inconnus et rien ne pouvait
révéler leur existence.

86. — Dans le cas spécial où le constituant avait sti-
pulé un pacte *de non vendendo,* nons avons vu que dans
le dernier état du droit un tel pacte n'était pas obligatoire, qu'il n'avait plus d'autre portée que d'obliger le
créancier hypothécaire à faire trois dénonciations au débiteur, au lieu d'une seule (1).

87. — La vente pouvait être faite amiablement ;
aucune forme spéciale n'était prescrite si ce n'est pour
les ventes faites par le fisc. Ces ventes en effet devaient
avoir lieu aux enchères publiques *(Subhastatio)*, sur une
mise à prix fixée par estimation ; cette adjudication ne
transmettait pas définitivement la propriété, qui pouvait
être remise en question par une surenchère dans un
délai déterminé (2) Mais ces règles spéciales n'étaient pas
applicables à la vente faite par le créancier hypothécaire.

88. — Y avait-il un délai entre la *denunciatio* et la
vente, ou entre les trois dénonciations dans le cas spécial
dont nous avons parlé ? On ne trouve dans les textes
aucune indication suffisante pour en déterminer la durée.
Doneau (3) pense que ce délai était de dix jours ; il
invoque à l'appui de son opinion le délai de dix jours qui
devait séparer les trois édits du préteur contre les contu-
maces. C'est là un simple rapprochement, qui ne saurait

(1) 4. D. *de pig. act.* XIII. 7.

(2) 50 D. *de jure fisci* XLIX. 14. — 4. C. *de fide et jure hast.* X.
3. — 1. C. *de vend. reb. civit.* X3. 81.

(3) Doneau, *de pign. et hypoth.* Ch. X. IV. col. 1002 et 1003.
T. VI. Ed. Florence 1846.

donner une solution sérieuse. Nous ne voudrions pas non plus affirmer que le juge avait un pouvoir discrétionnaire pour fixer ce délai suivant les cas. La *distractio* était une voie d'exécution, qui n'exigeait nullement la présence du juge ou du magistrat ; comment admettre qu'il eût fallu recourir à l'un d'eux pour fixer un délai, alors que la *distractio* pouvait avoir lieu en vertu de toute constitution d'hypothèque, alors même que la dette n'avait pas été reconnue en justice.

89. — Justinien a modifié cet état de choses. Il doit y avoir un délai de deux années entre la *denuntiatio* faite au débiteur et la vente ; mais il ne faudrait pas conclure de là que, dans le cas où les trois dénonciations sont exigées, le délai de deux ans ne court que du jour de la troisième dénonciation ; encore moins que chacune de ces dénonciations doit être séparée par un délai de deux années. Le texte de cette constitution n'autorise pas une semblable interprétation.

90. — D'ailleurs le créancier est obligé de respecter toutes clauses spéciales qui seraient intervenues entre lui et le débiteur, relatives à l'époque et aux formes de la vente et toutes autres conditions en général qui modifieraient son droit de vendre, sauf ce que nous avons dit au sujet du pacte *de non vendendo*. L'inobservation des formalités imposées par la loi et des clauses stipulées par le débiteur font naître la présomption de fraude.

Cependant il est nécessaire de distinguer le cas où le créancier vend sans aucun droit, *nullo jure vendidit*, si par exemple, il vend après des offres réelles faites par le débiteur et suivies de consignation, et le cas où le créancier, qui a le droit de vendre, commet une fraude, un dol, « *creditor cui jus distrahendi pignore fuit dolo malo vendidit* » (1). Dans le premier cas en effet, il n'y a pas de vente ; dans le deuxième. le créancier seul est responsable à l'égard du débiteur. S'il n'y pas eu collusion entre lui et l'acheteur, ce dernier est à l'abri de toutes poursuites du débiteur lésé. Le créancier sera tenu à l'égard du débiteur de dommages-intérêts, qui comprendront tout l'intérêt que le débiteur avait à ce que la chose ne fût pas vendue. Les actions qui permettront à ce dernier d'obtenir ces dommages-intérêts seront les actions personnelles naissant soit du contrat *(actio pignoratitia directa,)* soit du délit du créancier *(actio doli mali — actio furti)*.

91. — Si l'acheteur du bien hypothéqué est aussi de mauvaise foi, le débiteur pourra faire annuler la vente, et exiger la restitution du bien hypothéqué et de tous les fruits que l'acquéreur a dû percevoir et même la réparation du dommage causé.

Celui-ci se trouvera donc dans la situation de tout possesseur de mauvaise foi. Cependant le débiteur hypothécaire ne peut s'enrichir à ses dépens ; il est tenu de lui restituer le prix d'acquisition en principal et intérêts (2).

92. — La loi 1 au code *Si vendito pignore agatur* (VIII, 30) indique comme condition particulière de la rescision de la vente et des poursuites à exercer contre le débiteur, l'insolvabilité du créancier. « *Quod si de bonis creditoris condemnati solvi pecunia non potuerit.* » Cette condition doit être admise comme condition essentielle, bien que la loi 4 (au même titre) n'en fasse aucune men-

_______

(1) 5 et L. 8. C. *de dist. pig.* VIII. 28. L. 2. C. *Si vend. pign. agat.* VIII. 30. 7. C. *de dist. pig.* VIII. 28.

2) L. 1. — 3 et 4. C. *Si vendi. pig. agatur*, VIII. 30.

tion. Il serait contraire à l'équité que le débiteur pût
obtenir de deux côtés à la fois la réparation du même
préjudice.

93. — En général, toute personne capable d'acquérir,
soit pour elle-même, soit pour autrui, peut se rendre
acquéreur d'un bien hypothéqué. Le débiteur de la créance principale pourrait même acheter le bien hypothéqué
par un tiers. Il n'y a aucune impossibilité légale ; cependant, en fait, on trouverait étrange une pareille conduite ;
il ferait mieux de payer ses dettes, s'il a de l'argent dis-
ponible. Quant à acheter sa propre chose grevée d'hypothèque, ce serait un non-sens juridique : *Emptio rei pro-
priæ*.

Les créanciers hypothécaires, quelque rang qu'ils aient,
et les fidéijusseurs, qui ont cautionné la dette hypothécaire, sont incapables d'acheter la chose hypothéquée. Le
créancier hypothécaire préférable, qui poursuit la vente,
se trouverait à la fois vendeur et acheteur, ce qui lui con-
férerait des droits et lui imposerait des devoirs incompa-
tibles. S'il acquiert par une personne interposée, il est
réputé n'avoir jamais cessé d'être créancier hypothécaire ; la vente est réputée non avenue ; le débiteur peut
lui rembourser sa créance et les créanciers postérieurs
exercer le *jus offerendæ pecuniæ* (1).

Cependant si la vente n'est pas l'exercice du *jus distrahendi*, si elle est consentie au profit du premier créancier
hypothécaire par le débiteur lui-même, qui est toujours
propriétaire et qui conserve la libre disposition de la chose
hypothéquée, en principe du moins, cette vente est valable bien que faite au premier créancier. C'est une véri-

(1) 10. C. *de dist. pig.* VIII, 28.

table dation en paiement. Mais les effets de cette vente ne sont absolus qu'entre le débiteur et le premier créancier. Les créanciers postérieurs conservent sur le bien vendu leur droit d'hypothèque et peuvent toujours exercer le *jus offerendi* (1).

Quant aux créanciers postérieurs et aux fidéjusseurs, il était nécessaire d'éviter toute fraude possible, et de les empêcher de s'enrichir aux dépens du débiteur; or on ne pouvait leur laisser l'alternative de prétendre un droit de propriété sur la chose, si l'acquisition leur était avantageuse, ou, dans le cas contraire, d'exiger le paiement de la créance qu'ils prétendraient avoir remboursée; — aussi les créanciers hypothécaires, qui se sont rendus acquéreurs de l'immeuble, sont-ils réputés n'avoir agi que pour confirmer leur droit de gage (2).

Le fidejusseur avait intérêt à éviter des poursuites dirigées contre lui; s'il avait désintéressé le créancier et se trouvait en possession de la chose hypothéquée, ce n'était que comme étant aux droits du créancier préférable ; il ne pouvait être question d'une vente, et les autres créanciers hypothécaires pouvaient exercer contre lui le *jus offerendæ pecuniæ*; le débiteur principal pouvait, par le remboursement de la somme payée au premier créancier, faire tomber le droit réel du fidejusseur, comme s'il avait désintéressé directement le créancier préférable. En un mot, une pareille vente n'a transféré que le droit d'hypothèque (3).

(1) 1. C. *Si antiquior creditor*. VIII. 20.

(2) 5 D. *de dist. pig.* XX. 5. — 6 *Eod. tit.*

(3) 2. D. *de dist. pign.*, XX. 5. — Ces questions, se rattachant plus intimement à l'exercice du *jus offerendæ pecuniæ*, trouveront une application plus complète dans le chapitre suivant.

# CHAPITRE II

—

## EFFETS DE LA VENTE.

### § I<sup>er</sup>.

*Effets de la vente entre le créancier et l'acheteur.*

94. — En droit commun, la vente faite naître pour le vendeur diverses obligations, qui peuvent se ramener à trois : Obligation de livrer la chose ; obligation de garantir l'éviction totale ou partielle ; enfin obligation d'agir de bonne foi (1).

La bonne foi domine toutes les phases de la réalisation du bien hypothéqué ; quant aux deux autres obligations, elles sont modifiées par la nature même du droit du créancier vendeur.

95. — Le créancier hypothécaire se trouve, en effet, dans une situation spéciale ; il vend en vertu d'un droit qui lui est propre ; mais il ne vend pas sa propre chose. Or, en qualité de créancier hypothécaire, il n'a pas nécessairement la possession de la chose vendue ; mais il peut l'obtenir. L'obligation de livrer se transformera donc pour

(1) l. p. D. *de rer. perm.* XIX. 4.

lui, dans le cas où il ne serait pas en possession, en une obligation de céder tous ses droits sur la chose vendue. Mais il ne faudrait pas conclure de là qu'il ne vend que son hypothèque : accepter cette idée, ce serait reconnaître que le débiteur ou les créanciers hypothécaires postérieurs auraient toujours le droit de reprendre la chose hypothéquée entre les mains de l'acquéreur, en lui offrant le remboursement du prix d'acquisition. Or, les textes (1) sont précis en sens contraire et il faut dire que la vente est parfaite et doit produire les mêmes effets que si elle eut été consentie par le propriétaire lui-même. Si le créancier vendeur est obligé de céder son action hypothécaire, c'est une application des règles du droit commun, qui oblige le vendeur à mettre l'acquéreur en possession ou à lui fournir les moyens d'obtenir et de conserver cette possession (2). Gaius (3) reconnaît au créancier le droit de vendre la chose elle-même, bien qu'elle ne soit pas sienne, et l'acheteur d'un bien hypothéqué est assimilé à un acheteur ordinaire (4).

96. — Cette obligation pour le créancier de céder ses actions s'explique facilement, car jusqu'au jour où il sera en possession de la chose vendue, l'acheteur n'a pas de droit réel. La vente n'a produit qu'une obligation du créancier hypothécaire à l'égard de l'acheteur et bien que le but du contrat, intervenu entre les parties, soit un transfert de propriété, ce transfert n'a pu s'opérer par le seul concours des volontés. Pour obtenir du débiteur ou

(1) 1. — 2. C. *Si antiq. cred.* VIII. 20.
(2) Cpr. 47. D. *de Rei Vindicatione,* VI. 1.
(3) G. II. 64.
(4) 13. C. *de dist. pig.* VIII. 28. — 15. *cod. tit.*

du tiers détenteur la chose hypothéquée qui lui a été
vendue, l'acheteur ne peut agir que par l'action hypothécaire. « *Qui prædium obligatum a creditore compa-
ravit, si in vacuam possessionem inductus non est,
nullam in rem actionem habet* » (1).

97. — Possesseur de la chose hypothéquée, l'acquéreur a, sur cette chose, un droit réel, le droit de propriété (2). Il peut paraître contradictoire au premier
abord que le créancier, qui n'a qu'un droit réel d'hypothèque, puisse *proprio jure* mettre le débiteur à même
d'acquérir la propriété de la chose hypothéquée. — Cependant, en usant du droit de vendre (et nous pensons
avoir établi que ce n'est pas en qualité de simple mandataire du débiteur qu'il exerce le *jus distrahendi*), il se
trouve dans une situation analogue à celle du vendeur de
droit commun. Or, s'il est vrai de dire en principe, que le
vendeur n'est tenu que de livrer la possession de la
chose, il faut reconnaître que l'exécution de cette obligation, par le mode le plus simple, la tradition, aboutis-
sait, dans la plupart des cas, à un transfert de propriété.
L'acquéreur en possession de la chose hypothéquée
devenait donc propriétaire, ou tout au moins était
considéré comme tel, soit qu'il eût acquis la propriété quiritaire, soit qu'il eut la chose *in bonis* seulement. Ce
résultat devait toujours se produire puisque l'hypothèque
ne pouvait être consentie que sur une chose, qui se
trouvait *in bonis* du constituant, au jour de la constitution.
S'il en était autrement et si le créancier hypothécaire avait

(1) 13. C. *de distract. pig.* VIII, 28.

(2) 4. D. *de pig. act.* XIII. 7. *Verum incipit emptor dominium
rei habere.*

connu cet état de choses, il commettait un dol à l'égard
de l'acheteur et était tenu de le garantir de l'éviction qui
en eût pu résulter. Telle est l'explication des textes qui
reconnaissent le droit absolu de l'acquéreur ; il ne peut
succomber sur la question de propriété « *de proprietate
vinci non potest* (1) ». Il peut agir soit par la revendication
soit par l'action Publicienne, et, dans le cas où il serait
attaqué, il opposera l'exception « *nisi res pignori data
voluntate ejus, cujus in bonis tum fuit, alienata fuerit.* »

98. — Dans l'hypothèse où la chose hypothéquée
n'était pas à l'époque de la constitution d'hypothèque *in
bonis* du constituant, le débiteur pourra être évincé par
le véritable propriétaire. C'est le cas le plus facile à supposer ; mais l'éviction peut résulter d'autres causes. Le
créancier vendeur est-il responsable de toute éviction ?
Les textes sont formels (2) : Le créancier qui exerce le
*jus distrahendi* n'est pas tenu de l'éviction, il n'est responsable que de son dol, et il y aura dol du créancier
hypothécaire, s'il sait que la chose hypothéquée n'appartenait pas au constituant, ou s'il a vendu en qualité de
premier créancier hypothécaire, alors qu'il ne l'était pas.
Mais, dans ce dernier cas, lors même qu'il ignorait la
présence d'un créancier hypothécaire qui le primait, c'est-
à-dire alors même qu'il échappait à tout reproche de dol,
il était responsable de son ignorance : *hoc utique proestare
debet qui pignoris jure vendat, potiorem se ceteris esse
creditoribus* (3). Il y a donc, dans ce cas du moins, une

(1) 18. C. *de dist. pig*. VIII. 28.

(2) 11. § 16 D. *de act. empti et venditi*. XIX. 1. 10. D. *de distr.
pig*. XX. 5. Rubriq. et L. 2. C. *Credit. evict. non debere*. VIII. 46.

(3) 1. C. *cred. evict. non debere* VIII. 46.

véritable garantie ; et ce rescrit est en contradiction absolue avec tous les textes des jurisconsultes que nous avons
cités, avec la rubrique même du titre du Code où il se
trouve. Mais cette contradiction est purement apparente,
en ce sens que les jurisconsultes ne se préoccupent que
de l'éviction qui avait sa cause dans un défaut du droit
de propriété du vendeur. Dans la vente de droit commun
n effet la garantie en cas d'éviction est une véritable
onséquence de l'obligation du vendeur de faire avoir la
chose à l'acheteur, *rem habere licere*. Or le créancier
hypothécaire vendeur n'est pas obligé dans ces termes, il
doit simplement céder son droit « *jus suum cedere
debet.* » Ils opposent le vendeur *jure communi* au vendeur *jure creditoris* et dans cette opposition se trouve le
véritable motif du silence des textes.

99. — La garantie indiquée par le rescrit d'Alexandre
Sévère est de droit commun. Elle semble la déduction si
parfaitement logique du principe de bonne foi en matière
de vente, qu'on ne saurait admettre que le créancier ne
répondit pas, avant cette époque, de sa qualité de premier
créancier. D'ailleurs tout créancier, qui cède sa créance,
doit répondre de l'existence de la créance cédée ; le créancier hypothécaire se trouve dans une situation analogue,
en ce sens qu'il doit garantir son droit absolu de vendre,
c'est-à-dire sa qualité de premier créancier hypothécaire.

100. — Mais le créancier hypothécaire agit-il non
plus en cette qualité, mais comme propriétaire de la
chose par lui vendue, alors, comme un vendeur ordinaire, il est responsable de toute éviction ; d'une part
en effet il a vendu en qualité de propriétaire, l'acheteur
peut invoquer contre lui la qualité dont il s'est prévalu,
et exiger toutes les prestations et toutes les garanties d'un

vendeur de droit commun. D'autre part le créancier en
se faisant passer pour propriétaire a commis un dol et il
est responsable de son dol.

101. — Dans le cas où le créancier hypothécaire aurait vendu la chose hypothéquée en qualité de créancier,
alors qu'il était véritablement propriétaire, il n'aura aucun droit à exercer contre l'acheteur. Celui-ci pourra
toujours se prévaloir du contrat de vente consenti par le
créancier hypothécaire. La loi 10 D. *de dist. pig.* XX. 5
nous semble formelle en ce sens. Le créancier sera ainsi
dépouillé de son droit de propriété. Il ne lui restera qu'un
simple recours contre son débiteur, en ce sens que la
dette de celui-ci ne sera pas éteinte par le paiement du
prix de cette vente.

102. — L'éviction peut avoir lieu avant que le prix ne
soit payé : le créancier sera-t-il fondé à exiger le paiement ? Certains auteurs affirment que, dans le cas particulier où était intervenu un pacte de non-garantie, *ne
quid evictione secuta creditor præstet,* le créancier
pouvait réclamer le prix non payé ; si ce pacte n'existait
pas, le créancier ne pouvait en exiger le versement (1).
Bien que cette solution invoque un texte qui semble formel, nous ne voyons pas la raison de distinguer entre le
cas où il y aurait une clause de non-garantie et le cas où
cette clause n'aurait pas été stipulée. Dans l'un et l'autre
cas, le créancier n'est pas tenu de la garantie de droit
commun. Du jour où la vente est effectuée, où il a accompli ses obligations de vendeur *jure creditoris,* il est en
droit d'exiger le prix ; la clause de non-garantie, dont
parle la loi 68, ne saurait être appliquée au cas où l'évic-

______

(1) 68, D. *de evict.* XXI. 2.

lion naitrait d'un fait du débiteur, elle est purement ex-
pletive (1).

103. — L'acheteur de la chose hypothéquée est considéré en toutes hypothèses comme un acheteur ordinaire ; il est débiteur du prix et doit le verser tout entier
entre les mains du créancier hypothécaire vendeur, sans
s'occuper ni des autres créanciers hypothécaires ni des
droits du débiteur lui-même sur l'*hyperocha*. Tant que
ce prix n'est pas payé, il n'y a pas vente et la tradition ne
lui a pas transféré la propriété.

## § II.

*Effets de la vente entre l'acheteur et le débiteur.*

104. — Nous l'avons dit dans le paragraphe précédent,
l'acheteur acquiert sur la chose hypothéquée un droit
opposable à tous. Ce droit, c'est la propriété. Si l'acheteur
en possession de la chose hypothéquée est actionné par
le débiteur, il le repoussera par une exception. Si au
contraire il veut acquérir la possession, il intentera contre
le détenteur, soit l'action quasi-servienne, soit la revendication ou la Publicienne, et à l'*exceptio justi domini*
dont le débiteur prétendrait se prévaloir, il opposera une
réplique conçue dans les termes de l'exception de la
première hypothèse.

105. — Ainsi l'acheteur triomphera des prétentions du
débiteur et de tous les tiers, auxquels celui-ci aurait consenti des droits réels postérieurement à la naissance de

(1) Jourdan, *de l'hypothèque*. II. Partie, Sect. V. ch. XLI. n. 83.

l'hypothèque préférable. Mais le droit réel, droit de propriété ou autre de celui qui l'actionnera, pourra être antérieur à cette hypothèque et l'acheteur se trouvera évincé. Bien qu'il soit le vendeur, le créancier hypothécaire ne répond pas de l'éviction dont les causes sont étrangères à son droit d'hypothèque. Le débiteur, propriétaire de la chose, sera-t-il responsable de l'éviction? Et dans quelles limites?

106. — Le créancier hypothécaire, exerçant ce *jus distrahendi* a usé d'un droit personnel, il n'a pas vendu comme mandataire du débiteur. Celui-ci est donc complètement étranger à la vente. Cependant c'est sa propre chose qui fut l'objet de la vente, et ce, en vertu d'un droit consenti par lui. De plus l'acheteur, qui a payé son prix d'acquisition, a fait l'affaire du débiteur: il a libéré ce dernier vis-à-vis du créancier. De cette situation complexe, il résulte nécessairement pour le débiteur une obligation envers l'acheteur évincé et cette obligation ne peut être celle du vendeur; c'est le cas d'appliquer le principe que nul ne peut s'enrichir aux dépens d'autrui. Comme conséquence de ce principe, il faut écarter l'*actio ex empto institoria,* qui aurait pour but non pas le remboursement de la somme jusqu'à concurrence de laquelle le débiteur se serait enrichi, mais bien celui du prix d'acquisition avec les intérêts, auquel il faudrait ajouter la perte de bénéfice que l'éviction fait subir à l'acheteur, le *quanti interest rem evictam non fuisse.*

Hermogénien (1) parle d'une action *ex empto* et en détermine exactement la portée : elle ne peut faire obtenir à l'acheteur évincé que le montant du prix par lui

(1) 74, 1, D. *de evict.* XXI, 2,

payé ensemble les intérêts. Il ne s'agit donc que d'une action utile *ex empto*.

Cette forme d'action devait se présenter à l'esprit des jurisconsultes. Et cependant il y avait un moyen de droit un peu plus compliqué peut-être, mais qui était l'application des principes que nous avons déjà exposés. Le créancier hypothécaire, ayant exercé le *jus distrahendi*, pouvait être contraint par l'action *ex empto* de céder tous ses droits d'action à l'acheteur. Or il avait une action personnelle contre le débiteur pour le forcer à l'exécution du contrat d'hypothéque, spécialement dans le cas où il eût succombé dans une action quasi-servienne, *l'actio pigneratitia contraria*. L'acheteur évincé pouvait donc agir par cette action, qui lui assurait le remboursement du prix par lui payé (1). Il peut sembler étrange que cette action née du pacte d'hypothèque subsiste, alors que l'hypothèque est éteinte par la vente. Mais cette anomalie disparaît, si l'on se rend compte que, d'une part le créancier vendeur a, par le contrat de vente, contracté l'obligation de transférer à l'acheteur tous ses droits, obligation qui, non exécutée, explique suffisamment la survivance de l'action *pigneratitia contraria* et que d'autre part le créancier n'est réputé désintéressé et par suite le débiteur libéré à son égard qu'autant qu'il y a vente parfaite, c'est-à-dire vente dont les obligations synallagmatiques ont été remplies par les deux parties contractantes.

Bien que cette explication puisse suffire, nous trouvons une autre voie de recours indiquée dans la loi 12, § 1 (2). Tryphonimus admet dans ce cas une action *nego-*

(1) 38. D. *de evict.* XXI. 2.
(2) D. *de dist. pig.* XX. 5.

*tiorum gestorum utilis.* Il est bien vrai que l'acheteur, en payant son prix d'acquisition, n'a pas entendu faire l'affaire du débiteur, mais se libérer de son obligation (1). Cependant par le fait de l'éviction, le débiteur est libéré de sa dette, et l'acheteur est privé de la chose par lui acquise ; il n'y a donc plus qu'une gestion d'affaire, et l'action utile sera régie par les mêmes règles que l'action directe. Ce mode de recours est plus conforme, que celui indiqué par Hermogénien, à l'idée qui a présidé à la création prétorienne des actions utiles ; il s'explique plus facilement et atteint plus rapidement son but que la voie indiquée par Ulpien. Ce procédé d'ailleurs est conseillé par l'empereur Alexandre dans une hypothèse analogue (2). Toutefois, en présence de ces trois textes conservés dans le recueil de Justinien, nous admettrons que, suivant les circonstances, l'acheteur pouvait user de l'une de ces voies de recours.

108. — Remarquons en terminant, que l'acheteur de la chose hypothéquée ne pouvait, à raison de son éviction, réclamer du débiteur autre chose que ce dont il s'était enrichi, c'est-à-dire le prix par lui payé et les intérêts de ce prix. Peu importait que le créancier vendeur ait promis la garantie de l'éviction. Dans ce cas, l'acheteur ne pouvait se prévaloir de la stipulation que contre le créancier seul, celui-ci ayant agi *proprio nomine.*

(1) 49. D. *de neg. gest.* III. 5.
(1) 3. C. *de Rei Vind.* III. 32.

## § III

*Effets de la vente sur l'ensemble de la situation hypo-
thécaire.*

109. — Par la vente, ou plus exactement par le paiement du prix de vente, l'hypothèque du créancier, qui a
exercé le *jus distrahendi*, est éteinte ; son droit réel disparaît entièrement. Cependant le prix de la vente peut
avoir été supérieur au montant de la créance hypothécaire ; alors la créance principale elle-même est éteinte.
Si au contraire, il a été insuffisant pour désintéresser
complètement le créancier, celui-ci conserve pour le surplus son droit personnel contre le débiteur. Toutefois,
dans ces deux hypothèses, le créancier, qui a exercé le
*jus distrahendi*, est toujours obligé de rendre compte au
débiteur du produit de la vente.

110. — Si l'on suppose que le prix de la vente a été
supérieur au montant de la créance garantie par l'hypothèque, le créancier vendeur doit restituer cette différence
à son débiteur. Ce dernier obtiendra ce remboursement
par l'action *pigneratitia directa*. Le créancier sera même
tenu de payer les intérêts de cette somme, dans le cas où
il l'aurait employée à son usage personnel (1) ou s'il était
*in mora* (2) ; mais il ne sera pas tenu au-delà, et le débiteur ne saurait prétendre aucun droit sur les bénéfices réalisés par le créancier à l'aide de cette somme.

(1) 6 § 1. D. *de pig. act.* XIII. 7.
(2) 7. D. *eod. tit.*

111. — Il peut se faire que le créancier n'ait touché sur le prix que le montant de sa créance, ou n'ait encore rien reçu. Dans ce cas, il ne peut déléguer l'acheteur au débiteur hypothécaire (1). Il doit exiger lui-même le paiement de l'*hyperocha*. Il est responsable de toute faute qu'il commettrait dans le recouvrement de cette créance. Mais le débiteur serait fondé à exiger la cession de l'action du créancier contre l'acheteur, s'il avait intérêt à exercer des poursuites plus actives (2).

112. — Cependant l'*hyperocha*, c'est-à-dire la somme que le créancier vendeur aura à restituer au débiteur, ne sera pas toujours exactement la différence entre le montant de la créance hypothécaire et le prix de la vente. Il faut considérer, en effet, que dans bien des cas, le créancier hypothécaire peut avoir à réclamer le montant de dépenses par lui faites pour la conservation de la chose hypothéquée, dépenses qu'il aurait réclamées du débiteur si celui-ci avait acquitté sa dette et demandé la restitution de l'objet hypothéqué. Or ces dépenses, le créancier sera fondé à les ajouter au principal de sa créance primitive et à les prélever sur l'*hyperocha*. D'autre part et dans le cas où seul le créancier vendeur aura une hypothèque sur la chose vendue, le droit de retention, qu'il pouvait exercer sur l'objet hypothéqué, à raison de créances chirographaires, se transformera en un droit d'opposer la compensation à la demande de l'*hyperocha* formulée par le débiteur. (3) Au nombre des compensations que le débiteur pourra opposer, il en est une assez remarquable : c'est quand il aura garanti à l'acheteur l'éviction de la

(1) 42. D. *de pig. act.* XIII. 7.
(2) 24. § 2. D. *eod. tit.*
(3) Un. C. *Etiam ob chir.* VIII. 27. — V. n° 48.

chose hypothéquée ; mais pour qu'il puisse se faire tenir compte de ce qu'il a dû payer à raison de cette obligation par lui contractée, il ne suffit pas qu'il se soit abstenu de toute fraude ; il faut encore que la vente ait eu lieu dans des conditions plus avantageuses ; sinon le créancier ne saurait prétendre à aucune indemnité de ce chef.

113. — Dans l'hypothèse où le prix de vente n'a pas été suffisant pour désintéresser le créancier hypothécaire, le débiteur continue à être tenu pour le surplus de sa dette ; mais le créancier n'a pour exiger ce reliquat que l'action personnelle du contrat qui a donné naissance à l'obligation.

114. — Si la chose hypothéquée a été affectée à la garantie de plusieurs créances du même créancier et que le prix de vente soit insuffisant pour éteindre toutes ces créances, l'imputation se fera d'abord sur la créance pour laquelle il existe le moins de garantie, sur une obligation naturelle, par exemple. Telle est la solution de Paul. Or cette imputation toute favorable au créancier. C'est l'application du principe qu'en exerçant le *jus distrahendi* il fait son affaire personnelle, il exerce un droit propre. Et le jurisconsulte Paul a soin d'opposer en effet la situation d'un débiteur qui paie ses dettes à celle du créancier qui se paie en vendant le bien hypothéqué. Le débiteur fait l'imputation sur les dettes qui lui sont le plus à charge et si le créancier hypothécaire ne vendait que comme mandataire du débiteur, l'imputation devrait se faire dans les mêmes termes.

115. — Jusqu'alors nous avons supposé que le prix, une fois payé, est acquis irrévocablement au créancier vendeur et reste entre ses mains. Toutefois les textes prévoient le cas où le créancier ne pourrait pas conserver

le prix (1). Il faut évidemment supposer, pour trouver une application de ces décisions, que le creancier hypothécaire a promis la garantie pour le cas d'éviction. Ecartant toutes circonstances de fraude et de dol, les jurisconsultes Paul et Tryphoninus déclarent que le débiteur, qui avait cru être libéré, est tenu de nouveau au paiement de sa dette ; il y avait libération sous condition résolutoire. La raison de ces solutions se trouve dans la première loi que nous avons citée (L. 9.) *Quia ex necessitate facta venditio non liberat debitorem, nisi pecunia percepta;* ce qui semble signifier que le créancier est contraint de vendre pour se payer de ce qui lui est dû et que cette vente forcée ne saurait lui faire perdre sa créance.

Il peut paraître utile dé confirmer cette interprétation pour le cas où la vente de la chose hypothéquée serait résolue. Le jurisconsulte Paul (2) suppose que le créancier hypothécaire a exercé le *jus distrahendi*, puis que la vente a été résolue, et il décide que le débiteur reprend la propriété de la chose, non pas à raison d'un transfert nouveau opéré par l'acheteur, mais parce que la chose est remise dans son état primitif, par suite de la résolution de la vente. Cette hypothèse ainsi résolue nous four-

______

(1) L. 9. p. et L. 12. § 1. D. *de Dist. pig.* XX. 5.

(2) 10 § 1. D. *Quib. mod. pig.* XX. 6. Dans cette loi, la résolution de la vente semble motivée par des vices redhibitoires : *Homo redhibitus.* — Le créancier doit-il garantir ces vices ? Les textes sont muets et l'analogie de cette garantie avec la garantie ordinaire nous autorise à croire que le créancier hypothécaire vendeur ne pouvait en être tenu. Cette opinion nous permet d'argumenter par analogie du texte indiqué, pour dire que si la vente est résolue le créancier rentrera dans ses droits hypothécaires.

nit un argument d'analogie. Car la vente dont s'agit a éteint les droits du créancier hypothécaire qui a opéré la *distractio* ; la résolution de cette vente doit lui rendre son droit hypothécaire, comme elle fait renaître le droit de propriété au profit du débiteur. Or, dans l'espèce qui est prévue par les L. 9 p. et. 12 § 1. D. *de dist. Pignor.* le créancier hypothécaire a vu son droit hypothécaire et son droit de créance éteints par le paiement du prix de la vente ; mais par un fait qui ne saurait lui être imputé, le créancier perd ce prix ; il se trouve dans une situation analogue à celle où il serait si la vente était résolue, il reprend l'exercice de son droit de créance. Toutefois il est vrai que son droit hypothécaire a été éteint définitivement par la vente accomplie et ne renaît pas. Mais c'est que, dans cette hypothèse, il y a éviction de l'acheteur, par suite du défaut des droits du constituant sur la chose vendue. Le droit d'hypothèque, n'ayant n'ayant jamais existé, ne peut renaître.

116. — Ainsi à l'égard du débiteur la vente est absolue, si d'une part elle éteint tout ou partie de sa dette, elle le prive en tous cas de son droit de propriété. Il y a transmission incommutable de la chose hypothéquée au profit de l'acquéreur. Le débiteur ne peut lui offrir le remboursement du prix de vente pour rentrer en possesion de la chose par lui hypothéquée.

117. — Cependant le créancier peut avoir réservé expressément au débiteur le droit de reprendre la chose dans un délai déterminé, moyennant le remboursement du prix d'acquisition. Ce pacte produira son effet et la vente ne sera réputée parfaite que par l'expiration du délai convenu.

Ce droit était réservé dans l'intérêt même du débiteur :

*ut, si solverit debitor pecuniam pretii emptori, liceret ei recipere rem suam* (1).

Pour exercer ce droit et rentrer en possession de la chose, le débiteur pouvait, par l'action *pigneratitia directa*, exiger du créancier vendeur la cession de son action *ev empto* — ou bien il pouvait revendiquer directement la chose ou agir par une action *in factum* contre l'acheteur auquel il avait remboursé son prix d'acquisition. Bien que ces trois voies de recours soient réunies dans une même texte et indiquées comme existant toutes trois concurrement au profit du débiteur, nous sommes portés à croire qu'il y a là au moins deux époques différentes réunies ; dans les premiers temps le débiteur n'avait pas une action propre, mais seulement celle du créancier — puis on finit par lui accorder une action *in factum*. Quand à la revendication dont parle Ulpien, ce n'est que l'application de la théorie de ce jurisconsulte sur les effets de la condition résolutoire.

118. — Stipuler au profit du débiteur une telle condition était un acte essentiellement gracieux de la part du créancier. Cependant, alors même que la vente avait été faite purement et simplement, il pouvait avoir lieu à résolution dans les cas où le débiteur était un mineur de vingt-cinq ans, un impubère et généralement dans le cas où l'Édit du Préteur accordait la *restitutio in integrum*. Cette *restitutio* produisait ses effets ordinaires et la vente était anéantie. Mais il faut bien remarquer que la *restitutio in integrum* ne pouvait être demandée qu'autant que la constitution d'hypothèque était irrégulière et que le créancier vendeur avait eu connaissance de cette irré-

_________

(1) 13. p. **D.** *de pig. act.* XIII. 7.

gularité. S'il en eut été autrement cette solution contredirait les règles que nous avons exposées jusqu'ici (1).

119. — La vente est également opposable à tous les les ayant-droit du débiteur et notamment aux créa..ciers hypothécaires, qui étaient primés par celui d'entre eux qui a exercé le *jus distrahendi*. Ces créanciers postérieurs n'avaient qu'un seul moyen d'arrêter la vente : offrir au premier créancier le remboursement de sa créance ; c'est le *jus offerendœ pecuniæ* dont nous nous occuperons au chapitre suivant. La vente consentie, le *jus offerendi* à l'égard du créancier préférable ne peut plus être exercé (2), le droit réel d'hypothèque sur la chose est complètement paralysé. A leur égard, l'acheteur profite de l'extinction de l'hypothèque du créancier préférable ; et bien qu'en vérité, comme nous croyons l'avoir démontré, il ne succède pas simplement aux droits du créancier vendeur, bien qu'il devienne véritable propriétaire, la propriété ne passe pas entre ses mains grevée des droits réels, que le débiteur a valablement constitués ; à l'action hypothécaire exercée par l'un de ces créanciers, l'acheteur opposera valablement l'exception *nisi ab eo res empta est cui ante erat obligata*.

Cette exception n'est nullement fondée sur une subrogation de l'acheteur aux droits du créancier vendeur, mais bien sur l'origine même du droit de propriété ; on ne pourrait comprendre comment, l'acheteur devenant propriétaire, le droit réel d'hypothèque subsisterait à son profit, alors même qu'il acquiert un droit beaucoup plus ample, le droit de propriété.

_______

(1) 7 § 1. D. *de distract. pig.* XX. 6.—9. p. D. *de min. vig.* IV. 4.
(2) 3. p. D. *de dist. pign.* XX. 5.

**120.** — Toutefois le droit réel d'hypothèque de ces créanciers n'est pas éteint d'une manière absolue, et, dans le cas où, par suite d'un fait quelconque, le débiteur se trouverait de nouveau propriétaire de l'immeuble hypothéqué, nous estimons que les créanciers auraient le droit d'exercer leur hypothèque primitive sur cet immeuble (1). Car ces créanciers n'ont été prévenus en aucune façon de la vente, ils n'avaient aucun moyen d'en modifier les conditions, pas d'enchère, pas de surenchère possible ; ils ne peuvent être réputés avoir renoncé à leur droit en laissant vendre la chose hypothéquée. Certaines constitutions (2) du Code semblent favorables à l'opinion contraire, mais les expressions *non oportet te ab eo qui postea credidit inquietari*, employées par Valérianus, Gallianus et Alexandre Sévère peuvent très bien être expliquées par l'inefficacité même du droit hypothécaire des créanciers postérieurs, sans qu'il soit nécessaire d'admettre l'extinction absolue de ce droit.

**121.** — Cependant les créanciers postérieurs, qui ont hypothèque sur la chose vendue, ont droit d'exiger du créancier préférable l'*hyperocha* (1). Ce point ne fait aucun doute. Mais à l'aide de quelle action obtiendront-ils cette restitution ? Bien que les auteurs soient divisés sur ce point, nous n'hésiterons pas à leur reconnaître une *actio hypothecaria utilis*. En effet c'est en leur qualité de créanciers hypothécaires qu'ils agiront, qu'ils feront valoir à l'encontre du créancier préférable désintéressé leur droit sur la valeur représentative de leur gage.

---

(1) 12. p. § 7. D. *qui potiores* XX. 4.

(2) 6. C. *qui potior.* VIII. 18. — 1. C. *Si antiquior.* VIII. 20.

(1) 15 § 2. D. *de pign.* XX. 1. — 12 § 5. D. *qui pot.* XX. 4. — 3 § 4. C. *de jure domin.* VIII. 34.

M. Jourdan (1) admet au contraire une *actio pigneratitia utilis*. C'est reconnaître qu'ils ne peuvent agir qu'en invoquant les droits de leur débiteur. Mais alors le créancier préférable serait admis à leur opposer toutes les compensations, dont il pourrait se prévaloir à l'égard du débiteur lui-même, c'est-à-dire qu'il retiendrait sur le prix de vente non-seulement les dépenses faites pour la conservation de la chose et pour lesquelles il a un privilége, mais encore le montant de créances chirographaires. Solution inadmissible, qui contredit les principes sur le rang des diverses créanciers entre eux et qui sacrifie les créanciers postérieurs. En réalité leur droit hypothécaire subsiste ; ils peuvent s'en prévaloir à l'égard du créancier préférable, comme à l'égard des autres créanciers hypothécaires ou chirographaires.

# CHAPITRE III

—

## IMPETRATIO JURIS DOMINII.

**122.** — Nous nous étions placés jusqu'à ce moment dans l'hypothèse où le créancier trouve un acheteur, de la chose hypothéquée. Mais si l'acheteur vient à manquer, le créancier se trouverait dans cette situation étrange dont il ne pourrait se tirer : il aurait entre les mains une ga-

---

(1) *De l'hypothèque* II<sup>e</sup> partie, sect. VII ch. XLVIII. *In fine.*

rantie réelle ; mais ne pouvant la réaliser, il ne pourrait éteindre sa créance. Dès le temps classique, il y avait un moyen de sortir de cette situatian : le créancier recourait à l'empereur et obtenait la propriété de la chose hypothéquée. — Des formes et des effets de ce recours, à cette époque, on sait peu de chose, Justinien ayant repris et réglé minutieusement cette question par une longue constitution au Code (1). Du *prœmium* de cette constitution, on peut supposer que le créancier qui voulait obtenir le *jus dominii* devait user d'une certaine publicité et que le délai pendant lequel le débiteur pouvait intervenir et payer son créancier était d'une année. — Quant à l'effet produit par la décision de l'empereur, il n'existe pas d'indication précise qui permette d'affirmer s'il y avait transfert de propriété ou non. Cependant en présence de la volonté des empereurs à vouloir se faire considérer comme réunissant en leur seule personne les différentes magistratures du peuple romain et comme n'ayant pas plus de pouvoirs que les magistrats qu'ils remplaçaient, nous admettons assez facilement que le décret du prince n'avait d'autre effet qu'un transfert de la propriété bonitaire.

123. — Quoiqu'il en soit Justinien a établi des formes spéciales que nous allons indiquer rapidement. Le caractère dominant de la constitution semble être une protection accordée au débiteur. Justinien (2) se félicite d'avoir su concilier les intérêts du débiteur avec ceux du créancier, mais certainement il s'aveugle sur la véritable portée de sa constitution, les créanciers étaient sacrifiés. Justinien établit que, si, après les formalités de publicité de la

(1) 3 C. *de jur. domin.* VIII. 34.
(2) 1. Inst. II. 8.

exécutées et le délai de 2 ans imparti au débiteur se libérer, le créancier n'a pas trouvé d'acquéreur, il devra dénoncer au débiteur son intention de demander l'*impetratio dominii*. Si le débiteur était absent, le créancier s'adressait au juge qui fixait un délai pendant lequel le débiteur, s'il était trouvé, pouvait désintéresser le créancier, mais soit que le délai fût expiré sans que le débiteur eût été trouvé, soit que celui-ci n'ait pas offert le montant intégral des causes de la poursuite, le créancier s'adressait au prince afin d'obtenir l'*impetratio dominii*. Mais la décision impériale accordant au créancier l'objet de sa demande n'avait rien de décisif. Le débiteur avait encore pendant deux années *(biennium luitionis)* le droit de reprendre sa chose en désintéressant le créancier, qui ne devenait propriétaire incommutable qu'à l'expiration de ce délai. Toutefois le créancier n'était pas lié par la demande qu'il avait faite et il lui était loisible de vendre la chose hypothéquée, s'il trouvait un acheteur, dans le cours du *biennium luitionis*. Solution logique, puisque l'*impetratio dominii* n'était qu'un moyen extrême et que le créancier conservait toujours son droit hypothécaire.

124. — Mais quand le débiteur avait laissé expirer les délais sans payer sa dette, le créancier était considéré comme véritable propriétaire ; il y avait eu *datio in solutum* de la chose hypothéquée. Aussi dans le cas d'éviction, ce n'est pas par l'action *pigneratitia contraria* qu'il pouvait recourir contre le débiteur, mais seulement par l'*actio ex empto utilis* qui lui permettait d'obtenir le paiement de sa créance et même des dommages-intérêts ; il pourra même opposer au débiteur hypothécaire la compensation de ce chef **(1)**.

_______

(1) 24 pr. *de pig. actione* XIII. 7.

125. — La valeur de la chose hypothéquée dont le créancier a obtenu la propriété peut être inférieure, égale ou supérieure au montant de la créance garantie. Dans les deux premiers cas, il y a extinction partielle ou totale de la créance. Dans le cas où la valeur est plus considérable, tant que le créancier n'a pas payé au débiteur la différence, il n'est que co-propriétaire indivis de la chose avec le débiteur.

126. — Le fidéjusseur était aussi incapable d'acheter la chose hypothéquée, mais il pouvait, comme le créancier hypothécaire, en obtenir du prince la propriété. Il devait être soumis aux mêmes délais que le créancier hypothécaire et être exposé pendant deux ans, à se voir reprendre la chose (1).

______

(1) 26 p. *de pig.* XX. 1.

# IV

# JUS OFFERENDI

—

127. — Bien que le droit de vendre soit de l'essence même de l'hypothèque, ce droit n'appartient d'une manière absolue qu'au premier créancier hypothécaire. C'est là un principe fondamental affirmé par tous les textes du Digeste. Les autres créanciers hypothécaires, à raison même de leur droit d'hypothèque, ont ce droit en puissance seulement, si je puis m'exprimer ainsi ; leur droit est paralysé par le droit du premier créancier. Chercher à expliquer cette restriction, c'est étudier la nature même du droit des créanciers postérieurs.

128. — Certains auteurs en effets ont prétendu que le créancier, auquel était consentie une hypothèque sur un bien déjà grevé au profit d'une autre personne, n'avait qu'une hypothèque conditionnelle pour le cas où le premier créancier serait désintéressé. A ce propos, on a invoqué la loi 9 § 3 D. *qui Potiores in pign.* XX. 4. Mais

cette loi s'occupe de l'hypothèse toute spéciale où une hypothèque a été consentie successivement à deux créanciers sur la chose d'autrui.

Le jurisconsulte étudie la situation du deuxième créancier hypothécaire et se demande, non pas si réellement il a une hypothéque, mais si le Préteur doit lui donner une action utile et le protéger.

Un àutre texte invoqué aussi en ce sens est la L. 15 § 2. D. de *Pignoribus et hypoth.* XX. I. Gaius en effet, dit que les débiteurs qui consentaient une seconde hypothèque déclaraient ne la faire porter que sur l'*hyperocha,* ou n'affecter la chose que dans le cas où le premier créancier aurait été désintéressé. Ce serait aller bien loin que de voir là une hypothèque conditionnelle accordée au deuxième créancier. Ce sont plutôt des formes de déclarer la première hypothèque, des clauses de style par lesquelles le débiteur se mettait à l'abri du reproche de stellionnat. Enfin la L. 20 *qui pot.* XX. 4. se sert aussi des expressions *et hyperocham hujus rei, quæ tibi pignori data esset debitor obligasset.* Mais nous trouvons de nombreux textes qui écartent toute idée d'hypothèques purement conditionnelles. (L. 1. p. L. 3. p. L. 4. L. 11. § 1. *Qui potiores* XX. 4.) Et d'ailleurs comment expliquer le droit de préférence et la L. 12. p. *eod. titulo* par cette solution ?

129. — Ainsi l'hypothèque confère les mêmes droits à tous les créanciers. Mais le premier seul exerce utilement le droit de vendre. Si un autre créancier hypothécaire vend, il vend sans aucun droit, *nullo jure vendidit.* Mais la vente est-elle nulle ? Cette nullité peut-elle être opposée par tout le monde ? Cela ne semble pas admissible. A l'égard des créanciers postérieurs, le deuxième créancier,

étant préférable, a le droit de vendre ; ceux-ci ne peuvent
lui reprocher d'avoir exercé son droit hypothécaire. De
même à l'égard du débiteur qui a consenti l'hypothèque.
Le premier créancier, seul, peut se prévaloir de son
droit. La loi 1. de D. P. XX. 5. nous semble contenir
la règle à appliquer. Après avoir reconnu que le deuxième
créancier a outrepassé ses droits, en effectuant la vente,
le jurisconsulte déclare qu'il n'y a là qu'une simple erreur de rang et que le premier créancier hypothécaire
ne saurait agir contre le deuxième, mais qu'il doit se
retourner contre les possesseurs, *adversus possessores*.
Il est vrai que l'hypothèse du texte est telle que l'erreur
du deuxième créancier semble naturelle, qu'il ne saurait être de mauvaise foi. Mais la bonne foi sera le cas
le plus ordinaire, car ces hypothèques sont occultes et
pour trouver un créancier hypothécaire, qui exerce le
*jus distrahendi* de bonne foi, il n'est pas nécessaire de
recourir à l'hypothèse si compliquée de la loi 1. (D.
XX. 5.) Entre le premier et le deuxième créancier, il
n'y a aucun lien de droit et d'autre part il n'y a pas de
délit. En réalité, le créancier hypothécaire, qui a vendu,
a usé de son droit. Mais le premier créancier, qui a droit
de préférence, ne peut être frustré et il y aurait lieu d'admettre en tous cas le recours contre les possesseurs.
Il agira par l'action hypothécaire et il obtiendra, soit
le remboursement de sa créance, soit la possession de
la chose hypothéquée. Mais les possesseurs, comme les
qualifie la Loi 1. D. *de dist. pig.*, les acquéreurs en
réalité, n'auront-ils pas le droit de se retourner contre
leur vendeur et de lui demander la garantie de l'éviction. Le créancier vendeur n'est pas tenu de l'éviction
comme le serait un vendeur ordinaire ; mais le fait pour

lui d'avoir outrepassé son droit, en vendant la chose hypothéquée, est un fait personnel dont il doit garantie, comme un créancier chirographaire, qui aurait vendu comme créancier hypothécaire, serait tenu à garantir sa qualité. Or si le tiers acquéreur avait su contracter un créancier autre que le premier, il n'aurait pas accepté la vente. D'ailleurs le résultat n'est pas exorbitant, il rétablit les choses dans l'état où elles seraient si le deuxième créancier s'était abstenu de vendre, ou s'il avait usé du droit qu'il avait de désintéresser le créancier préférable. Quelle est la portée de la loi première? Ne faut-il voir là qu'une loi de procédure pure et simple? C'est ce que nous croyons. Le premier créancier a un droit réel sur la chose hypothéquée; il exercera ce droit réel et c'est pour cela que la loi renvoie aux tiers détenteurs.

130. — Ainsi la vente consentie par un créancier postérieur n'a aucun effet à l'égard des créanciers hypothécaires préférables. Mais nous avons dit d'autre part que l'hypothèque consentie à son profit lui confère les mêmes droits. Nous avons expliqué cette contradiction par une sorte d'obstacle apporté par la présence du premier créancier à l'exercice de ces droits. Il est à la discrétion du premier créancier, qui n'a d'autre intérêt que de vendre à une somme suffisante pour être désintéressé et n'a pas à choisir le moment favorable. Or le prêteur a reconnu aux créanciers, placés dans cette situation désavantageuse, le droit de désintéresser le créancier préférable et de le forcer, moyennant paiement, à lui transmettre la chose hypothéquée. Ce dernier ne peut se refuser à cette opération; il n'y a aucun intérêt, et son juste intérêt est la limite de tous les droits que le Prêteur lui a accordé.

C'est le *jus offerendæ pecuniæ* ou *jus offerendi*. Ainsi le créancier postérieur a purement et simplement désintéressé le créancier préférable ; il lui a remboursé le montant de sa créance en principal et accessoires. Tous les textes s'accordent sur le résultat juridique, le créancier qui a effectué ce paiement se trouve aux lieu et place du créancier désintéressé jusqu'à concurrence de la somme par lui déboursée. Mais faut-il voir là une cession de créance ? Le créancier postérieur a-t-il géré l'affaire du débiteur et a-t-il un recours contre lui par l'action *negotiorum gestorum* ? ou bien a-t-il acquis un droit nouveau, entièrement distinct de la dette qu'il a éteinte ?

131. — Il faut, croyons-nous, s'arrêter à cette dernière solution. Ecartons tout d'abord l'hypothèse de gestion d'affaires. Le créancier en effet a fait bien plutôt sa propre affaire que celle de son débiteur. *Non enim negotium alterius gessit sed magis suum* (1). Et il ne peut réclamer que le capital et les intérêts dûs et non pas les intérêts des intérêts comme le *negotiorum gestor* (2). D'ailleurs le véritable *negotiorum gestor* ne prend pas la place du créancier désintéressé (3). Quel intérêt aura-t-il à se servir de cette action de gestion d'affaires, alors qu'il a acquis un droit réel, dont l'exercice est beaucoup plus facile et le résultat beaucoup plus satisfaisant, au point de vue pécuniaire ? Je ne vois point d'utilité dans un pareil recours.

132. — La cession de créance, telle qu'elle se trouvait admise par les jurisconsultes, c'est-à-dire la cession d'actions, la *procuratio in rem suam*, semble, de prime

(1) 12. § 6. *Qui potiores.* XX. 4.
(2) 6. 3. D. *de neg. gestis.* III. 5.—22. C. *de pig.* VII. ..
(3) 1. p. D. *quib mod.* XX. 6.

abord, le résultat juridique véritablement atteint par l'exercice du *jus offerendi*. Le créancier postérieur en effet prend le rang du créancier désintéressé ; à lui désormais appartiennent d'une manière toute spéciale le *jus distrahendi* et le *droit à la possession*, le *droit de suite*.

S'il se trouve premier en rang, c'est à raison de la somme par lui payée au créancier hypothécaire. Cette somme est généralement le principal et les accessoires de la créance préférable. Et alors ce serait la créance du premier créancier dont il aurait droit de réclamer le paiement au débiteur de créance, dans le cas où l'on admettrait qu'il y a cession. En effet, si la créance hypothécaire n'a pas le deuxième rang, immédiatement après celle du créancier désintéressé, cette créance conserve son rang hypothécaire primitif et ne vient pas se joindre à l'autre créance. Ainsi le créancier postérieur a bien deux créances et deux garanties distinctes, lorsqu'il a désintéressé le créancier préférable.

Mais il n'y a pas réellement de cession de créance. Le créancier, qui a usé du *jus offerendæ pecuniæ*, ne peut exiger du débiteur que le remboursement de la somme par lui payée et non le remboursement de la créance primitive qu'il a éteinte. Or la cession de créance donne au contraire au cessionnaire, quelle que soit la somme par lui payée, le droit d'exiger le remboursement de la créance primitive. Nous sommes ainsi amenés à conclure que le créancier fait naître à son profit une créance nouvelle. Au moment du paiement, la créance remboursée s'éteint et une autre naît immédiatement. Ce n'est pas l'hypothèque du créancier désintéressé qui lui garantit cette nouvelle créance, c'est son hypothèque personnelle qui se trouve améliorée. Nous en trouvons un exemple remarquable dans le L. 12, § 12, D. *De captivis et post-lim.* XLIX, 15. Il s'agit d'un esclave donné en gage, fait captif, puis racheté. Bien que le *redemptor* ait sur cet esclave un droit de propriété, le créancier hypothécaire, qui a usé du *jus offerendi*, n'a qu'un droit de créance. Il n'acquiert donc pas le droit de celui qu'il désintéresse. *Et si creditor obtulerit ei qui redemerit quanto redemtus est, habet obligationem et in propriorem debiti causam et in eam summam qua eum liberavit, quasi ea obligatione quadam constitutione inducta, ut quum posterior creditor priori satisfecit confirmandi sui pignoris causa.*

Enfin quand ce n'est pas un créancier hypothécaire qui désintéresse le créancier préférable, quand un tiers prête les fonds, il est nécessaire que ce dernier stipule au moment du prêt une hypothèque sur le bien hypothéqué au créancier préférable, sinon il ne pourrait prendre le rang du créancier désintéressé (1). Que ce paiement soit effectué avec l'argent d'un tiers, qui le prête à cet effet au débiteur, ou par un créancier hypothécaire, qui use directement du *jus offerendi*, la situation est identique en ce sens que, dans l'un et l'autre cas, il n'y aura jamais qu'un créancier hypothécaire qui prendra les lieu et place du créancier désintéressé. De là, il est facile de conclure que le paiement fait par le créancier hypothécaire, en vertu du *jus offerendi*, éteint à la fois et la créance principale et les accessoires de cette créance, hypothèque, cautions, etc. C'est un paiement pur et simple qui produit tous les effets du paiement : extinction absolue de la créance. Si

---

1) 3. D. *quæ res pig.* XX. 3. — 1. C. *de his qui prior.* VIII. 19.

donc le créancier qui a payé se trouve dans un rang meilleur, dumoins pour sa nouvelle créance, c'est une application du principe d'équité qui est le fondement de toutes les institutions du droit prétorien et du privilége *propter versionem in rem.* Le créancier a conservé dans le patrimoine du débiteur la chose hypothéquée ; il a empêché une vente qui pouvait être désastreuse pour les autres créanciers ; mais il ne peut avoir fait exclusivement l'affaire des autres créanciers à son détriment.

Il est d'ailleurs inutile au créancier postérieur, qui rembourse le premier, de stipuler le rang de celui-ci ; l'effet se produit de plein droit (1).

132. — Ainsi le créancier, qui a usé du *jus offerendi,* devient créancier à un titre nouveau et non propriétaire du bien hypothéqué ; et le débiteur, qui lui offrira le montant de sa créance primitive et de la somme qu'il a déboursée pour désintéresser le premier créancier, recouvrera l'immeuble entièrement libéré.

133. — Il est utile de signaler un cas, qui, dans les textes (2), se trouve rapproché de celui que nous venons d'examiner. Nous voulons parler de celui où le fidéjusseur, sur les poursuites du créancier, a payé la dette par lui garantie. Une hypothèse nous fera mieux comprendre l'analogie et les différences entre les deux situations.

Primus, débiteur de Secundus, lui a donné une hypothèque sur un fonds de terre ; d'autre part, Tertius a garanti à Secundus sa créance sur Primus. Tertius, poursuivi par Secundus, paie ; mais il exige la cession de la créance de Secundus contre Primus, laquelle créance est

(1) 5. D. *de dist. pig.* XX. 5. — 12 § 6 et 16. D. *qui potiores* XX. 4. — 1. C. *qui.* pot. VIII. 18. — 4. C. *de his qui.* VIII. 19.
(2) 2 et 5 § 1. D. *de dist. pig.* XX. 5.

garantie par une hypothèque. Tertius se trouve donc aux lieu et place du créancier hypothécaire Secundus. Mais bien qu'il y ait eu cession de créance et du droit réel d'hypothèque, il n'y a pas eu vente de la chose hypothéquée, et, comme dans le cas où le créancier postérieur use du *jus offerendi,* le débiteur peut recouvrer la possession du bien hypothéqué en la remboursant.

Le fidéjusseur, qui paie la créance par lui cautionnée, obtient le droit même du premier créancier hypothécaire, tandis que le deuxième créancier ne fait qu'améliorer sa position ; mais comme tous deux sont incapables d'acheter le bien hypothéqué, tous deux, bien qu'ils semblent l'avoir acheté, bien qu'ils le possèdent *emptionis titulo,* peuvent être dépossédés par le débiteur leur remboursant leur créance.

134. — Jusqu'ici nous avons supposé que c'était un créancier postérieur qui exerçait le *jus offerendi,* et, en fait, c'était lui qui devait l'exercer le plus souvent. Cependant le premier créancier pouvait avoir intérêt à désintéresser un créancier postérieur pour échapper à l'exercice de ce droit, si lui-même était créancier chirographaire, car alors il pouvait exercer le droit de rétention pour sa créance chirographaire, droit qui eût été paralysé par l'hypothèque du deuxième créancier. Ce droit est formellement reconnu par un texte de Paul (1) qui résiste à toute interprétation contraire. « *Et prior* « *creditor secundum creditorem, si voluerit dimittere,* « *non prohibetur, quanquam ipse in pignore potior sit.*» Quant à l'œuvre de Justinien, elle est muette sur ce point et de ce silence on a conclu à l'impossibilité pour

____

(1) Paul R. S. II. 13. 8.

le premier créancier d'exercer ce droit. On a dit que c'était un droit spécial, qui ne saurait être étendu, un dédommagement accordé au créancier postérieur. Ce sont des allégations sans fondement et l'absence de texte prouve que les compilateurs ne se sont occupés que du *plerumque fit*, négligeant l'intérêt, que, dans des cas fort rares d'ailleurs, le premier créancier pouvait avoir à détenir le bien hypothéqué. Quant à ne voir dans le *jus offerendi* qu'un dédommagement, c'est abuser singulièrement de l'idée, qui a pu le faire admettre dans la pratique.

# APPENDICE

## CHAPITRE Iᵉʳ

### HYPOTHÈQUE CONSENTIE SUR DES DROITS RÉELS

135. — Il n'est pas dans le sujet de cette thèse de rechercher quelles servitudes peuvent être hypothéquées ; nous nous bornerons à indiquer les solutions de l'opinion admise par nous et leurs conséquences.

#### § Iᵉʳ

*Engagement d'une servitude déjà établie.*

136. — Les servitudes proediales, étant des qualités même du fonds dominant ne sont pas transmissibles, et dès lors ne peuvent être hypothéquées indépendamment de ce fonds (1).

(1) 86. D. *de verb. sign.* L. 16.

137. — Il faut distinguer, parmi les servitudes personnelles, celles qui, comme *l'usus*, sont essentiellement atta-
chées à la personne ; on ne pouvait en céder l'exercice ; elles
ne pouvaient donc être affectées à la garantie hypothécaire d'une créance. Les autres, telles que *l'usufructus*,
bien que personnelles, peuvent être exercées par un
tiers (1). Dès lors rien ne s'oppose à ce qu'elles soient
hypothéquées.

Dans cette catégorie, il faut comprendre, croyons-nous,
les *opera servorum* et *l'habitatio* (2).

138. — Le créancier ayant une hypothèque constituée
sur un de ces droits vendra donc valablement l'exercice
de ce droit, s'il n'est pas payé à l'échéance de la créance
garantie. L'acquéreur pourra se prévaloir de son droit
soit par une action *utilis confessoria*, soit par une exception. Il sera dans la même situation que s'il eût acquis
directement du titulaire le droit d'usufruit ou d'habitation
dont s'agit (3).

§ 2.

*Engagement d'une servitude non encore constituée.*

139. — La loi 11. § 2. (D. XX. 1), que nous venons de
citer, prévoit également l'hypothèse où l'usufruit n'est
pas encore constitué (4) et où le propriétaire hypothèque
cet usufruit.

140. — La même loi 11, § 3, semble refuser formellement ce droit pour les servitudes urbaines ; alors que la

_______________

(1) 49. **D.** *de usuris*. XXII. 1.

(2) 12 § 6. **D.** *de usu et hab.* VII. 8. — 3. **D.** *de oper. serv.* VII.
7. — 2. **D.** *usu per. leg. dat.* XXXIII. 2. — 13. **C.** *de usuf.* III. 33.

(3) 11. § 2. *de pig.* XX. 1.

(4) 1. **C.** *si pign. pign.* VIII. 24.

7

loi 12 reconnaît la possibilité d'hypothéquer une servitude rurale non encore constituée. Cette hypothèque, bien
que conférant au créancier le droit d'user de ces servitudes, ne nécessiterait pas la création de ces servitudes au
profit du fonds voisin qui lui appartient. Elle lui donnerait
simplement le droit de les vendre à un voisin, si la créance
hypothécaire n'était pas payée dans un délai déterminé.
En un mot, l'hypothèque d'une servitude rurale serait,
croyons-nous, le droit conféré au créancier de constituer
à titre onéreux une servitude sur le fonds du débiteur au
profit de tel fonds voisin qui en ferait l'acquisition. Ainsi
on peut dire qu'il vendra une servitude, ce sera l'exercice du *jus distrahendi*. — Quant à ses droits intermé-
diaires, s'il a l'usage de cette servitude avant l'échéance de la dette, il ne pourra agir que par l'action hypothécaire et non par une action confessoire. Il y a une sorte
de *pignus* ; mais on ne saurait prétendre que la servitude
est établie d'ores et déjà, au profit de son fonds, pas plus
que la propriété ne lui est transférée dans le cas d'engagement d'une chose mobilière ou immobilière. .

# CHAPITRE II

—

### PIGNUS NOMINIS.

141. — Nous devons distinguer deux périodes. Si la
créance hypothécaire n'est pas exigible, le créancier n'a

aucun droit sur la créance donnée en garantie, bien que celle-ci soit venue à échéance. Mais pour assurer l'exercice du droit qui lui a été conféré, il doit dénoncer au débiteur de son débiteur la constitution d'hypothèque (1). C'est une véritable saisie-arrêt qu'il opère entre ses mains.

142. — Dès que la créance hypothécaire est exigible, le créancier peut poursuivre la réalisation à son profit de la créance donnée en garantie. Deux moyens sont à sa disposition : il peut, soit poursuivre lui-même le recouvrement de cette créance, ce qu'on a appelé *jus exigendi*, soit céder purement et simplement à un tiers la créance engagée, c'est le *jus distrahendi* ordinaire.

143. — Le créancier hypothécaire, pour exercer le *jus exigendi*, intentera contre le débiteur cédé une action utile (2), qui ne peut être que l'action personnelle utile naissant du contrat primitif (3). On ne pouvait concevoir une autre action, telle qu'une action hypothécaire réelle, la créance donnée en garantie étant purement personnelle. Et cependant certains commentateurs, entraînés par la similitude de nom (*Pignus*), avaient cherché à établir la réalité ou quasi-réalité de l'hypothèque d'une créance et affirmaient que l'action utile mentionnée aux textes cités, était une action hypothécaire (4). Il suffit de se rendre compte de la portée de cette hypothèque pour reconnaître l'erreur. C'est une véritable cession de créance; c'est la

(1) 4. C. *quæ res pign. oblig. poss.* VIII. 17.

(2) 7. C. *de her. vel. act. vend.* IV. 39.— 20. D. *de pig.* XX. 1.

(3) — Donneau, *ad. leg.* 4. Cod. *quæ res pign.* VIII. 17.

(4) Glosse. *ad. leg.* 4. C. *quæ in pig.* VIII. 17. — Cujas *in Pauli Edict. lib.* XXIX. *ad leg.* 18 pr. D. *de pign act.* XIII. 7.

faculté pour le créancier d'exercer les droits de son débiteur.

144. — Par cette action, le créancier obtiendra, si la
dette consiste en une somme d'argent, le paiement de sa
créance, sans pouvoir exiger le surplus, si la créance
hypothéquée était supérieure à la créance hypothécaire (1). Si la dette donnée en garantie est d'un corps
certain, l'objet lui sera délivré par le débiteur et le créancier le détiendra dès lors à titre de gage, *pignoris loco* (2).
Et par ces mots il ne faut pas entendre un simple droit de
rétention, mais une véritable hypothèque : le créancier,
en stipulant le *pignus nominis,* a en effet demandé le droit
le plus étendu ; s'il n'avait obtenu que l'hypothèque de
l'objet dû, il n'aurait pu exercer aucune action contre le
débiteur du dit objet.

145. — Le débiteur, poursuivi par l'action utile, pourra
opposer au créancier hypothécaire toutes les exceptions
qu'il cût pu invoquer contre son propre créancier. Toutefois il ne pourrait se prévaloir, comme un tiers détenteur
d'un objet hypothéqué, du *beneficium excussionis*, car il
est obligé personnellement au paiement de la dette donnée
en garantie.

Si par suite d'une de ces exceptions, ou à raison même
de l'inexistence de la dette, le créancier hypothécaire
n'obtient pas satisfaction, il pourra recourir contre son
débiteur hypothécaire par l'action *pigneratitia contraria*.
Si au contraire l'insolvabilité du débiteur poursuivi est la
seule cause du non-paiement, aucun recours ne doit être
accordé au créancier.

---

(1) 4. C. *quæ in pig.* VIII. 17.
(2) 13 § 2. *de pig.* XX. 1.

146. — Dans le cas où plusieurs créanciers auraient pour garantie la même créance de leur débiteur commun, qu'il y ait dénonciation ou non, la date de la convention hypothécaire seule peut fixer leur rang entre eux : c'est l'application des principes de droit commun. Mais le débiteur cédé paiera valablement entre les mains du créancier hypothécaire qui poursuivra le premier, si les autres créanciers n'ont pas dénoncé leur droit.

147. — Nous avons dit que le créancier hypothécaire pourra exercer le *jus distrahendi* (1), c'est-à-dire qu'il pourra vendre la créance hypothéquée. L'utilité de ce droit est surtout grande dans le cas où la créance cédée n'est pas exigible. Le cessionnaire exercera l'action utile personnelle naissant du contrat, la même que le créancier hypothécaire était en droit d'exercer. (2). Toutefois, ce cessionnaire aura le droit d'exiger l'intégralité de la créance cédée, alors même qu'elle consisterait en une somme d'argent. Et d'autre part la Constitution 22. C. *mandat*. IV. 35, connue sous le nom de *Lex Anastasiana* semble l'excepter formellement de la règle établie, qui autorisait le débiteur cédé à se libérer, en payant au cessionnaire le montant du prix payé par ce dernier au créancier cédant.

---

(1) 7. C. *de hered. vel act. vend.* IV. 39.
(2) 20. D. *de pig.* XX. 1. — L. 7. C. IV. 39 *précitée.*

# CHAPITRE III

—

## PIGNUS PIGNORIS.

148. — Malgré les controverses très-vives qui divisent les auteurs au sujet de la nature même du *pignus pignoris*, nous admettons que l'hypothèque ainsi consentie par le premier créancier hypothécaire porte sur l'objet même précédémment affecté au paiement de sa créance (1), mais comprend aussi une sorte d'hypothèque de cette créance, qui seule permettra aux parties d'atteindre le but qu'elles se proposent.

149. — Pour que le deuxième créancier soit saisi d'un droit à l'égard du débiteur hypothécaire, il doit lui notifier la constitution d'hypothèque consentie à son profit par le premier créancier; ainsi il évitera tout paiement entre les mains de ce dernier. Ce deuxième créancier hypothécaire pourra exercer contre le débiteur commun toutes les actions personnelles ou réelles du premier créancier, ce seront des actions utiles (2).

______

(1) 13 § 2. D. *de pign.* XX. 1. — 14 § 3. D. *de div. temp. præscrip.* XLIV. 3. — 1. C. *si pig. pig.* VIII. 24. — 40 § 2. D. *de pig. act.* XIII. 7.

(2) 13 § 2. *de pign.* XX. 1.

Il aura également le droit de vendre la chose hypothéquée en second lieu, mais il ne pourra exercer sur le
prix de vente que les droits de son débiteur personnel.

# CHAPITRE IV.

—

### PIGNUS IN CAUSA JUDICATI CAPTUM.

**150.** — Il nous reste à signaler une dernière forme de
l'hypothèque, le *pignus in causa judicati captum*, qui
constitue une véritable hypothèque judiciaire.

Le créancier qui avait obtenu une sentence de condamnation contre son débiteur pouvait, dans le cas d'inexécution du jugement, recourir au magistrat pour obtenir
satisfaction. Ce mode spécial d'exécution ne fut admis
qu'assez tard (1). C'était une véritable saisie opérée avec
l'autorisation du magistrat et l'assistance de ses agents
*(apparitores)*. Les objets saisis étaient placés sous la
main de justice et si, dans le délai de deux mois, le débiteur n'avait pas payé les causes de la saisie, il y avait
vente aux enchères par le ministère d'officiers publics (2).

(1) Par un rescrit d'Antonin-le-Pieux.
(2) 31. — 15. — 58. D. *de re jud.* XLII. 1. — 9. p. D. *de min.*
*vig.* IV. 4. — 50. D. *de evict.* XXI. 2. — C. *si in causa judicat.*
*pignus captum sit.* VIII. 23. — C. *de exsecutione rei judicatœ.*
VII. 53.

En vérité le créancier n'intervenait que pour provoquer les poursuites. — Le débiteur n'était pas dessaisi de ses biens ; mais il ne pouvait en disposer ; il y avait affectation spéciale du produit de la vente judiciaire éventuelle au profit de ce créancier (1), et celui-ci recevait des mains des officiers de justice le paiement de sa créance.

_______________

(1) 10. D. *qui potior*. XX. 4.

# DROIT FRANÇAIS

## De la Transcription des Jugements d'adjudication.

## PRÉLIMINAIRES

1. — La propriété immobilière est une des forces vives
de la nation, la principale source de la richesse et du
bien-être des citoyens. Dès lors un devoir impérieux
commande de lui faire produire tous les fruits dont elle
est susceptible, de tirer du sol toutes les ressources,
toutes les richesses qu'il renferme. Le crédit est la
seule puissance, qui, faisant affluer les capitaux, aidera
au développement de l'industrie agricole et doublera les

produits de la propriété immobilière. Conséquence d'une civilisation qui se développe de jour en jour, d'un progrès constant de l'humanité, la recherche de la richesse sociale et du bien-être du plus grand nombre fit considérer le Crédit foncier comme le fondement le plus solide de la richesse et de la prospérité de l'État.

L'œuvre du législateur était indiquée ; assurer au crédit foncier son plus grand développement s'imposa dès lors comme une nécessité et provoqua, chez toutes les nations modernes, des réformes législatives plus ou moins heureuses. La sécurité complète, absolue, de la propriété immobilière était le but de tous ces efforts : sécurité du propriétaire, dont les travaux d'amélioration ne seraient plus arrêtés par la crainte d'une éviction toujours possible ; sécurité du créancier hypothécaire, qui n'hésiterait plus à confier ses capitaux à un taux normal et pour de longues périodes, alors qu'il aurait un gage assuré, une garantie sérieuse, dont il ne pourrait être dépouillé.

2. — La loi du 23 mars 1855, reprenant les dispositions de la loi de Brumaire an VII et complétant le régime hypothécaire établi par le Code, a eu pour but de donner satisfaction à ces exigences du crédit ; elle a imposé à tout acquéreur d'un droit de propriété ou autre, modifiant la valeur d'un immeuble, la transcription de son contrat, c'est-à-dire la publicité, comme condition essentielle de son acquisition à l'égard des tiers pouvant prétendre des droits réels sur le même immeuble.

3. — Le sujet de cette thèse n'est pas la matière si vaste de la transcription. Nous nous bornerons à l'étude d'une de ses applications, de la transcription des jugements d'adjudication, c'est-à-dire des mutations de propriété qui s'opèrent sous la surveillance immédiate ou même

avec le concours de la Justice. Toutefois, pour simplifier l'exposé de nos doctrines, pour éviter des redites et rendre plus lumineuse la discussion, nous croyons utile d'indiquer à grands traits l'origine et les développements de cette institution, son rôle, ses effets en matière de mutation de droit commun.

4. — La transcription n'a aucun antécédent dans la législation romaine ni dans le droit qui régissait la France monarchique. Il est vrai qu'à différentes époques, apparaissent certaines formalités, qui ont pour résultat une publicité utile aux tiers. Mais toutes ces dispositions législatives, malgré l'analogie des résultats obtenus et parfois même l'analogie de la forme, dérivent d'idées essentiellement différentes. A peine peut-on les considérer comme l'origine de la transcription, en ce sens seulement qu'elles rendirent sensibles les avantages de la publicité.

5. — On sait le peu de confiance des Romains pour les garanties réelles et les inconvénients graves de l'hypothèque occulte. D'ailleurs si l'on considère que, dès les premiers siècles du monde romain, la propriété immobilière reconnue par le droit quiritaire n'avait pour objet qu'un territoire excessivement restreint ; que, plus tard, les terres conquises appartenaient soit au peuple, soit à César ; qu'aux jours de la décadence de l'Empire, de vastes domaines restaient incultes et désolés entre les mains d'un petit nombre de privilégiés, on se rend facilement compte du rôle peu important que la propriété foncière jouait dans la vie sociale à cette époque. Il nous suffit de constater le fait pour expliquer comment le besoin de protéger les tiers acquéreurs de droits réels, d'assurer la sécurité de la propriété foncière, ne sollicita pas l'attention des jurisconsultes.

6. — Et cependant, aux premiers siècles de la République, au temps de Rome religieuse et patricienne, une sorte de publicité protégeait la propriété du sol. Les cérémonies symboliques, la *mancipatio*, l'*in jure cessio*, la tradition réelle et effective, étaient alors la condition nécessaire de toute transmission de propriété. Bien que donnant satisfaction à un principe essentiellement différent, ces formalités avaient un résultat analogue à celui de la transcription. La possession offrait au tiers qui contractait avec le détenteur une garantie de propriété ; la certitude n'était pas absolue ; mais il lui était loisible de se renseigner, la mutation ayant été publique et faite devant témoins. Mais lorsque la tradition fictive fut considérée comme suffisante, et devint le mode habituel de transmission ; lorsque l'hypothèque remplaça le gage et la fiducie, les tiers acquéreurs ne purent échapper aux risques de l'éviction : la fraude triomphait. Le tiers acquéreur évincé ne pouvait prétendre qu'à des dommages-intérêts, recours bien souvent illusoire contre un débiteur de mauvaise foi ou insolvable.

7. — Tel était le droit commun à Rome. Une exception singulière existait cependant en matière de donations. Constance Chlore prescrivit pour ce mode d'acquisition de la propriété, une publicité spéciale, l'insinuation. Toute donation devait être mentionnée intégralement sur les registres tenus par les magistrats ; sinon elle était frappée de nullité (1). Rigoureuse et absolue à son ori-

______

(1) *Pater noster nullam voluit liberalitatem valere, si actis inserta non esset*, 1. C. Th. *de Sponsal.* III. 5. — Cette formalité n'impliqua nullement la rédaction d'un écrit, qui ne fut jamais exigé à peine de nullité.

gine, cette prescription fut modifiée par les empereurs qui succédèrent à Constance Chlore. Justinien n'exige l'insinuation que pour les donations dont le montant est supérieur à 500 Solides (1) ; il exempte de cette formalité certaines libéralités dont les causes étaient particulièrement dignes de faveur (2). — Evidemment cette institution n'avait pas été provoquée par l'intérêt des tiers ; car elle apparaît dans la législation romaine comme une véritable dérogation au droit commun. Nous croyons qu'il faut la considérer comme la conséquence de la défaveur qui pesait sur les donations. La loi Cincia avait antérieurement apporté des restrictions importantes à la liberté de disposer entre-vifs à titre gratuit : elle avait fixé un *modus* qui ne pouvait être dépassé valablement. Il serait assez difficile de préciser les causes de ces restrictions. — On les explique ordinairement en alléguant l'importance d'un acte tel qu'une donation et la nécessité de forcer le donateur à réfléchir avant de consacrer une libéralité excessive. — L'insinuation eut encore un autre résultat : conserver la preuve de la libéralité. Les actes insinués étaient publics, tous ceux qui avaient intérêt pouvaient en demander la production (3). Mais il y a loin de là à la transcription. — L'insinuation était la formalité essentielle du contrat ; elle avait lieu pour toute libéralité mobilière ou immobilière ; toutes personnes intéressées pouvaient invoquer la nullité résultant du défaut d'accomplissement de cette formalité. D'ailleurs cette institution avait pris naissance du caractère même de la

(1) 36 § 3. C. *de don.* VIII. 54.

(2) 36. p. et § 2. C. *de don.* VIII. 54. — 34. p. C. *huj. tit* . — 31. p. C. *de jur. dot.* V. 12.

(3) Donelli op. T. IX. 13. — 31. C. *de don.* VIII. 54.

donation, libéralité qui pouvait être ruineuse et dont il importait de conserver une preuve indiscutable.

8. — Bien que le terme de transcription n'apparaisse, pour la première fois, dans le langage juridique de la France, que par la loi du 19 septembre 1750, il semblerait que le législateur ait simplement changé les mots et consacré un système de publicité préexistant, en matière de mutation immobilière. — « A compter du jour où les « tribunaux de district seront installés dans les pays de « nantissement, les formalités de saisine, dessaisine, « deshéritance, vest, devest, reconnaissance échevinale, « mise de fait, main assise, plainte à la loi et généralement « toutes celles qui tiennent au nantissement féodal ou cen- « suel, seront et demeureront abolies, et, jusqu'à ce qu'il « en ait été autrement ordonné, la transcription des « grosses d'aliénation ou d'hypothèque en tiendra lieu et « suffira en conséquence pour consommer les aliénations « et les constitutions d'hypothèques.... (1) » Cette loi donnait satisfaction à des coutumes locales, prescrivant pour les mutations de propriété et les constitutions de droits réels des formalités particulières, dont l'accomplissement était impossible, depuis la supression des droits féodaux, et dont l'utilité incontestable exigeait le maintien.

Faut-il en conclure que telle est l'origine véritable de la transcription ? Nous ne le pensons pas. Et si les jurisconsultes firent de bonne heure ressortir les avantages de la publicité résultant de ces coutumes, si même ils considérèrent cette publicité comme un but de ces institutions, nous devons rendre hommage à leur sens juridique, qui leur a permis de trouver un côté utilitaire dans

____

(1) Loi du 19 septembre 1790, art. 3.

les pratiques vexatoires et despotiques nées du régime féodal (1). Mais on ne saurait méconnaître l'origine et le but primitif de ces institutions, qui excluent toute idée de publicité et de protection des droits des tiers, autres que les seigneurs. Nous remonterons donc jusqu'à l'époque de la féodalité et nous redirons en quelques pages l'histoire de la propriété immobilière pour faire saisir comment, par la transformation des mœurs et par le déplacement des richesses, le respect des droits acquis par les tiers s'imposa comme une condition essentielle de toute opération juridique, ayant un immeuble pour objet.

9. — Les feudistes considéraient la terre comme la source du pouvoir. *Nulle terre sans seigneur, nul seigneur sans terre.* A la terre étaient attachés les droits réels de justice, de battre monnaie, de percevoir les impôts, de faire la guerre et lever des hommes d'armes, et les droits honorifiques de foi et hommage. Aussi le seigneur est-il réputé propriétaire de toutes les terres situées dans sa suzeraineté ; les vassaux ne les détiennent qu'à titre de concession. Dès lors un vassal ne peut transmettre les droits qu'il a sur un fief, sans l'assentiment du seigneur, ou plutôt, s'il désire opérer cette transmission, il renoncera à son fief entre les mains du seigneur qui le concédera à la personne présentée par le renonçant. C'est l'investiture féodale. A cette époque de suzeraineté absolue, le vassal ne pouvait donc engager la terre, si le seigneur refusait de reconnaître cet engagement.

10. — Mais peu à peu, à mesure que la puissance des seigneurs s'affaiblissait, que le pouvoir royal centralisait,

_______

(1) Buridan, sur la coutume de Reims, art. 123. Dumoulin, sur la coutume de Vermandois, art. 119.

pour ainsi dire, la souveraineté et se réservait l'exercice
exclusif des droits régaliens, les formalités de l'investiture
féodale tombèrent sous les efforts des jurisconsultes, qui
cherchaient à ramener la transmission de propriété à la
simplicité de la loi romaine. L'investiture, désormais
inutile pour affirmer les droits du Seignenr, ne fut plus
nécessaire à chaque mutation de propriété. « Nul ne
prend saisine qui ne veut », dit la coutume de Paris (1),
— reproduisant la règle acceptée par la généralité des
autres coutumes. La saisine n'a d'autre utilité que de
faire courir le délai d'une année, pendant lequel peut être
exercé le retrait lignager. Ce n'est plus une condition de
la transmission de propriété. Le vassal est réellement le
propriétaire de l'immeuble ; il peut l'aliéner, l'hypothéquer, le grever de telles charges que bon lui semble ; il en
a le domaine utile. Le domaine direct, qui repose encore
sur la tête du seigneur, se traduit par des tailles, des cor-
vées, des droits de mutation, parfois très-lourds, mais
qui, en aucun cas, ne peuvent faire obstacle à l'exercice
du droit de propriété de vassal. Dès lors, pour transférer
ses droits à l'égard de tous, il lui suffit d'un contrat suivi
de tradition (2). Les autres charges réelles naissaient du
seul accord de volonté des parties. Et même un acte authentique suffisait pour conférer une hypothèque, bien
que les parties ne l'eussent pas expressément stipulée.

(1) Art. 82.

(2) La tradition fictive était pour ainsi dire la seule en usage.
Elle consistait en une clause de précaire, de constitut, de rétention,
d'usufruit ou même de dessaisine saisine (art. 278. Cout. d'Or-
léans), laquelle était insérée dans le contrat. (Pothier, Domaine de
propriété, n⁰ˢ 193 et suiv., n⁰ˢ 208 et suiv.) Aucune autre formalité
n'était exigée.

11. — Toutefois dans le nord de la France, dans la Picardie , l'Artois, la Flandre, le Hainaut français et une partie de la Champagne, l'investiture féodale ne tomba pas en désuétude (1) ; elle subsista sous des noms divers : saisine et dessaisine, vest et devest, deshéritance, adhéritance, main-assise, mise de fait, devoirs de loi. Le terme général était nantissement. L'idée, qui se retrouve à la base de toutes ces institutions, est la mise en possession du nouvel acquéreur, soit par des officiers du Seigneur dont les biens étaient mouvants, soit par les Juges royaux dans le ressort desquels les biens étaient situés; mais les formes du nantissement variaient suivant les coutumes. Tantôt il consistait en une simple reconnaissance du contrat fait, soit devant deux échevins, soit devant le bailli, en présence de témoins (2) ; tantôt elle donnait lieu à une cérémonie symbolique : le vendeur se présentait devant les officiers de la juridiction foncière, un bâton à la main et leur remettait ce bâton en signe de dessaisissement de sa propriété. L'acquéreur recevait alors le même bâton des mains de ces officiers (3).

Il semble à peu près certain qu'il était d'usage général dans les pays de nantissement de dresser une sorte de procès-verbal de l'accomplissement de ces formalités. Mais tantôt ce procès-verbal était transcrit sur des registres spéciaux et tantôt sur des feuilles volantes. Deux

(1) Cette perpétuité de l'investiture dans ces provinces peut, ce nous semble, être expliquée par l'annexion relativement récente de la majeure partie de ces provinces à la France (Louis XIII et Louis XIV), tout aussi bien que par la diversité et la multiplicité des coutumes qui régissaient alors le sol français.

(2) Douai, art. 2, ch. 3. — Péronne, art. 264.

(3) Cout. du Vermandois, art. 126. — de Reims, art. 165.

placards de Charles V, du 10 février 1538, et de Philippe II, du 16 décembre 1586, un édit perpétuel des archiducs Albert et Isabelle, du 11 juillet 1611 et un autre placard du 16 septembre 1673 ordonnèrent la tenue de registres spéciaux dans l'Artois et dans les Flandres (1). Mais les chartes générales du Hainaut, non plus que la coutume du Cambrésis, n'exigeaient pas la formalité d'enregistrement pour constater l'accomplissement des devoirs de loi, puisqu'elles admettaient les parties intéressées à en faire la preuve par *record de loi* (témoins) *ou de juges vivants* (2).

A part cette exception, la mention faite de la réalisation du nantissement était une véritable inscription du contrat. Cette mention devait contenir la désignation spéciale et précise des immeubles, objets du nantissement. Dans le cas où il y avait un acte écrit constatant la convention des parties, cette mention était reproduite sur le dit acte. Ces registres spéciaux étaient publics (3) et les officiers de la juridiction foncière ne pouvaient « recevoir aucun « autre nantissement (relatif au même immeuble) que ce « ne soit à charge des dus rentes et priorité des droits « précédemment nantis (4). »

Ainsi de ces formalités féodales, résultait pour les tiers une sorte de garantie de leurs droits, garantie que n'assurait en aucune sorte le système romain, de nouveau en vigueur dans le reste de la France.

12. — A raison même de son origine, le nantissement

---

(1) Documents cités par Merlin. —Réper. Alp. Vº *Devoir de loi.*

(2) Cout. gén. du Hainaut, ch. 30, art. 1. — Cout. du Cambrésis, t. 4, art. 5.

(3) Buridan, sur la Cout. de Reims, art. 123.

(4) Cout. de Laon, art. 119.— Cout. de Reims, art. 174.

devait être opéré non pas seulement pour les transferts de propriété, mais aussi pour toute constitution d'un droit nouveau pouvant diminuer la valeur de l'immeuble et préjudicier au seigneur suzerain : servitude, hypothèque, bail emphytéotique (1). Toutefois, son application était limitée aux acquisitions entre vifs. Cependant malgré la règle : *Le mort saisit le vif*, la coutume d'Artois (2) n'accorde à l'héritier « la propriété des héritages qu'en « les relevant et droicturant du seigneur et lui payant ses « droits. »

13. — Le défaut de nantissement ne constituait pas une nullité du contrat intervenu entre les parties ; car le contrat ne donnait naissance qu'à une obligation de faire, résoluble en dommages-intérêts. Mais l'exécution de cette obligation ne pouvait avoir lieu par une simple mise en possession de fait ; le nantissement était la condition essentielle du transfert de propriété : « vente ou donation « réalisée fait préférer à autre vente ou donation précé- « dente verbalement faite seulement. » (3) Les créanciers du vendeur, quoique postérieurs au contrat de vente, ont néanmoins leur hypothèque sur l'héritage vendu, s'ils se trouvent nantis sur ce même héritage avant l'acqué- reur (4).

---

(1) Cout. du Cambrésis, tit. 5. Art. 1. Tit. 16. Art. 6. Valen- ciennes, a. 28. — Cout. gén. du Hainaut, ch. 122, art. 9. — Cout. du Vermandois, art. 125 ; de Reims, art. 180. Etc.

(2) Art. 20 et 101.

(3) Chatellenie de Lille, tit. 10, art. 3 et 4. — Cout. du Verman- dois, art. 28 et 126, de Chaulny, art. 32 et suiv., Reims, art. 162 et 166. — Cout. générales du Hainaut, ch. 94, art. 1, etc.

(4) Argou. — Institution au droit français, II p. 243. — L'édit de 1771, art. 35, supprima la formalité du nantissement pour les

14. — C'est le moment de signaler la transformation que subit le nantissement. Dumoulin , ne considérant plus que l'intérêt des tiers, concluait que les droits de l'acquéreur, qui n'a pas réalisé le nantissement, sont incontestables, s'il n'y a pas de tiers intéressés (1). C'était admettre la transmission de propriété entre les parties contractantes, en dehors de toute formalité de nantissement. La preuve et la publicité utile, qui résultaient de l'accomplissement des devoirs de loi, frappèrent vivement l'esprit des jurisconsultes. Pour eux, le véritable but de l'institution était la garantie des droits acquis ou éventuels des tiers, et non pas la protection de droits féodaux disparus depuis longtemps (2). Ainsi se perdit peu à peu la notion exacte de la portée et du but de nantissement.

15. — Les fiefs vassaux n'étaient pas la seule classe de biens immobiliers (3). Les francs-alleux nobles ou roturiers, c'est-à-dire les immeubles, qui ne mouvaient d'aucune terre seigneuriale, ne devaient pas logiquement être soumis à la formalité du nantissement : « En franc-« alleu n'y a desaissine ni saisine, » dit la coutume de Péronne. « Mais », ajoute celle du Vermandois, « suffit « l'appréhension ou possession réelle (4). » Cependant les chartes générales de Hainaut en décidaient autrement et

constitutions d'hypothèques seulement. Mais cet édit ne fut pas enregistré en Flandre, ni en Artois, et par conséquent pas exécuté non plus que la déclaration du 23 mars 1772.

(1) Dumoulin sur l'art. 119 de la coutume du Vermandois.

(2) Argou, loc. cit. — Buridan, loc. cit.

(3) Nous ne parlons pas des biens de main-morte, qui, aux mains de l'église étaient inaliénables et par conséquent restent en dehors de notre sujet.

(4) Art. 267. — Laon, art. 133.

imposaient le relief à chaque mutation, en présence-de deux francs-allodiers (1). Deux placards de Charles-Quint, du 10 février 1538, et de Philippe II, du 6 décembre 1586, que nous avons déjà cités, ont déclaré applicables aux francs-alleux, situés en Artois et en Picardie, les formalités de nantissement, « pour prévenir », disait le préambule, « les fraudes et les stellionnats. »

16. — Si la raison donnée était la seule vraie, s'il ne s'agissait pas simplement d'une mesure fiscale, nous retrouverions encore ici ` la conception assez nette des moyens de sauvegarder les droits des tiers. Mais il est permis d'en douter. — Ce ne sont pas seulement les souverains des pays de nantissement qui alléguaient ces motifs. Les édits des rois de France nous en fournissent plusieurs exemples. En Juin 1581, Henri III déclarait « qu'il était nécessaire de prévenir les faulsetés, antidates, « transpositions. de temps et de personnes.... dont « advient que pour n'estre l'achepteur asseuré, et le « vendeur n'ayant souvent aucun bien ne amis pour ga- « rantie, cesse le commerce entre nos dicts sujets (2). » Il ne faut pas cependant prendre à la lettre ces regrets si sincèrement exprimés et croire à une réforme dans l'intérêt des tiers. Le roi avait besoin d'argent et il cherchait à assurer la perception des droits qui frappaient les mutations. Aussi ajoute-t-il : « Nous et eux (les seigneurs « fonciers) sommes frustrés des droicts et proficts de fiefs « quints et requints et autres devoirs seigneuriaux. » Et pour assurer le recouvrement de ces droits, l'édit dispose dans son article premier que « par quelque acte

---

(1) Ch. 106, art. 1.

(2) Isambert — *Recueil général des Edits des Rois de France.* — T. XIV, p. 493.

« que ce soit ne pourra être acquise aucune seigneurie,
« propriété ne droict d'hypothèque et réalité, encore que
« les acquéreurs aient prins possession naturelle ou par
« constitution, de précaire, s'ils ne sont pas enregistrés
« dedans deux mois des jour et date d'iceux, par des
« contrerolleurs commis à cet effet, etc. » Mais ces registres n'étaient pas publics (art. 8). La loi était donc purement fiscale : c'est l'origine de la loi de l'enregistrement
moderne. Cet édit eut un résultat pratique pour le trésor
royal, la création et la vente d'offices nouveaux de control-
leurs de titres. Mais il ne resta que peu de temps en
vigueur et fut révoqué dès 1588.

17. — L'édit du mois de Mars 1673 contient aussi
dans son préambule des promesses qu'il ne réalisa pas.
Il s'agissait « de perfectionner par une disposition uni-
« verselle ce que quelques coutumes avaient essayé de
« faire par la voie des saisines et des nantissements....
« Par ce moyen, on pourra prêter avec sûreté et acqué-
« rir sans crainte d'être évincé (1). » En réalité l'édit
ne s'occupe que de la purge des hypothèques existant
au jour de la vente. Cependant cet édit réalisait un progrès certain sur la législation antérieure : il ordonnait la
publicité des hypothèques dans une certaine mesure en
provoquant des oppositions de la part des créanciers et
en imposant à l'acquéreur l'obligation de notifier son
titre aux créanciers opposants (art. 46). Mais cet édit
tomba devant l'opposition des seigneurs, qui redoutaient
de voir publier la situation précaire de leur fortune ;
il fut révoqué dès le mois d'Avril 1674.

18. — Les charges hypothécaires, qui grevaient l'im-

(1) Isambert. op. cit. T. XIX, p. 75.

meuble aliéné, continuaient de subsister malgré la mutation de propriété. Le nouvel acquéreur, qui voulait se
libérer de ces charges, n'avait, dans l'ancien droit français,
même dans les pays de nantissement, qu'un seul moyen :
recourir à une expropriation simulée, au *décret volontaire*. On observait toutes les règles du *décret forcé*. Les créanciers hypothécaires, avertis par les criées, devaient former opposition soit entre les mains des sergents, soit au
greffe où la saisie avait été enregistrée. S'ils ne s'étaient
pas opposés dans l'intervalle de la saisie à l'adjudication,
ou tout au moins avant la levée du jugement d'adjudication, ils étaient réputés avoir fait la remise de leur hypothèque et ne conservaient aucun droit réel ; l'immeuble
était purgé (1). Telle était la procédure du décret volontaire. Il est facile d'en saisir les inconvénients : lenteurs
et frais à la charge de l'acquéreur, et bien souvent
injustice criante envers les créanciers, qui, n'étant pas
prévenus personnellement, pouvaient être dépouillés à
leur insu, — conséquence forcée des hypothèques occultes.

19. — L'édit de juin 1771 remplaça la procédure du
décret volontaire par des *lettres de ratification*. Elles
firent disparaître une partie des inconvénients que nous
avons signalés. Le nouvel acquéreur déposait son contrat
au greffe du tribunal de la situation des biens, dont il
voulait purger les hypothèques ; extrait de ce contrat était
affiché pendant deux mois sur un tableau à ce destiné,
placé dans l'auditoire même du tribunal ; pendant ce
temps les créanciers hypothécaires pouvait former oppo-

_________

(1) Pothier. Traité de la Procédure civile, IV⁰ partie, ch. II, section V, art. 2, 3, 4, 5,, 6, 7, 9, 11 et 14. — Loysel, Institutes
de Droit français, L. VI, t. V. 14 et 15.

sition. A l'expiration des deux mois, la chancellerie du tribunal délivrait au nouvel acquéreur des lettres scellées *sans* oppositions ou *avec* oppositions.

Au premier cas, il demeurait constant que l'immeuble n'était grevé d'aucune hypothèque ; au second, il y avait lieu d'ouvrir un ordre ; le nouvel acquéreur n'avait pas à redouter d'autres hypothèques, à l'exception toutefois de celle pouvant résulter d'un douaire non encore ouvert. Mais ce mode de purge laissait toujours subsister ou plutôt avait encore augmenté les inconvénients d'une publicité trop restreinte et peu efficace (1).

D'ailleurs l'édit de 1771 laissa subsister les formalités du nantissement. Bien qu'il fût rendu pour la France entière, le Parlement de Flandre refusa de l'enregistrer et le Conseil d'Artois n'en admit pas l'application.

20. — Nous devons encore mentionner, en matière de donation, une exception au droit commun, analogue à celle qui existait dans les lois romaines. François I<sup>er</sup> rétablit l'insinuation comme condition essentielle de toutes libéralités entre vifs (2). Cet obstacle s'explique naturellement, lorsqu'on se rappelle l'intérêt capital attaché alors

(1) Art. 8. 15, 17 et 19. — Isambert, op. cit., XVII, p. 530. — Il est curieux de signaler l'analogie de la procédure tendant à l'obtention des lettres de ratification avec le mode de purger les hypothèques légales non inscrites prescrit par le Code civil. Il est vrai que l'art. 2186 ordonne de notifier le dépôt à la femme ou aux représentants du mineur. Mais s'ils ne sont pas connus, on se contente d'une insertion légale et ce n'est pas la notification signifiée au Procureur de la République, en vertu du même article, qui, à raison de l'état de la jurisprudence et des instructions ministérielles, peut suppléer à l'absence de notification aux intéressés.

(2) Ordonnance de 1539. — L'ordonnance de 1731 réglait minutieusement l'application du principe posé.

à la conservation et à la transmission de l'héritage patrimonial dans son intégrité. Pothier (1) donne pour motif,
qn'il était nécessaire que ceux qui contracteraient par la
suite avec le donateur et ceux qui accepteraient sa succession, qu'ils croiraient opulente, ne fussent pas induits
en erreur par l'ignorance où ils seraient des donations.
Que ce motif ait été la raison déterminante de l'ordonnance de 1539, nous n'oserions l'affirmer ; nous nous
étonnerions à bon droit de n'avoir pas vu généraliser
cette disposition et la déclarer applicable à tout transfert
de propriété, à toute constitution de droits réels ; car le
danger était le même. Nous croyons que Pothier a expliqué avec les idées de son temps une institution ancienne,
et cette explication, bonne en elle-même, ne saurait
donc motiver suffisamment la création de la formalité de
l'insinuation.

21. — Pour l'insinuation, comme pour le nantissement,
les idées économiques nouvelles entraînèrent particulièrement les jurisconsultes du siècle dernier à considérer
l'intérêt des tiers et la publicité des droits réels comme
les explications les plus naturelles de ces formalités féodales. On ne peut méconnaître la légitime influence que
l'économie politique exerça sur la conception de la propriété immobilière, envisagée désormais comme moyen
de crédit et source de richesse. Expression des nécessités d'une époque, où la propriété allait s'affranchissant
de plus en plus des gênes et des entraves de la féodalité,
glissant entre les mains de ceux qui la détenaient de
temps immémorial, les vœux des économistes se transformèrent bientôt en articles de loi.

(1) Traité des Donations entre vifs. Sect. II, art. 3.

22. — Nous avons dit comment la loi spéciale du 19 septembre 1790 leur donna un commencement de satisfaction, en transformant des coutumes qui pouvaient atteindre le but désiré.

23. — Deux décrets du 9 messidor an III étaient la mise en pratique, un peu trop hâtive peut-être, de ces idées nouvelles. L'importance excessive attribuée au sol comme source unique de la richesse, le désir de faire naître le crédit, qui seul pouvait féconder ces richesses, provoquèrent un bouleversement complet de la législation en matière de mutation de propriété et de régime hypothécaire. La terre fut mobilisée, elle devint un capital de circulation, une valeur de portefeuille. Le levier puissant de cette mobilisation est la publicité la plus absolue. Les deux décrets de l'an III forment le nouveau Code de la propriété foncière. Les principales dispositions peuvent se résumer ainsi :

Les hypothèques ne prennent naissance que par des actes authentiques consensuels ou judiciaires. Elles sont soumises à l'inscription. Elles portent sur tous les biens du débiteur situés dans l'arrondissement de la conservation. Le débiteur est tenu, sur la sommation du créancier hypothécaire, de faire au bureau des hypothèques une déclaration de l'importance et de la valeur des immeubles qu'il possède dans l'arrondissement. Tout propriétaire peut prendre sur lui-même hypothèque, jusqu'à concurrence des deux tiers de la valeur libre de ses biens, et cette *cédule hypothécaire* est transmissible par voie d'endossement. Tout acquéreur à titre gratuit ou onéreux peut purger les hypothèques grevant l'immeuble par lui acquis, par la notification et le dépôt à chaque bureau de la conservation de la situation des biens et par le paiement de toutes les créances hypothécaires et cédules, du fait de son auteur, ayant une date antérieure, ou de déposer le montant de son prix d'acquisition. Les registres d'inscriptions hypothécaires, de déclarations foncières, de notifications d'acquisition et autres étaient publics, et les conservateurs répondaient de l'exactitude des états délivrés par eux (1).

24. — Ces décrets ont été, dès leur promulgation, l'objet de vives critiques. On leur reprochait surtout de favoriser, par la création de cédules hypothécaires sur soi-même, un agiotage malsain, de créer un nouveau papier-monnaie avec affectation sur biens déclarés (2) etc. Pour nous, le véritable inconvénient était dans la difficulté de l'exécution. Rédigés à la hâte, sans étude approfondie préalable, ces décrets renferment des lacunes, des dispositions insuffisantes : aucune publicité prescrite pour les mutations de propriété ou les constitutions de droits réels ; des difficultés, des pertes de temps considérables causées

----

(1) V. le décret sur le régime hypothécaire, art. 17, 26, 32, 36, 105 et suiv., 226 et suiv., et le décret sur les déclarations foncières.

(2) Rapport du représentant Eudes. Germinal an IV. Rapport du citoyen Jacqueminot au Conseil des Cinq-Cents, sur la loi du 2 brumaire an VII. Séance du 21 messidor an VI. — Cpr. Troplong, de la vente II n° 906. — M. Gidde, analysant le nouveau système hypothécaire qui régit la Prusse depuis 1872, signale l'établissement d'une lettre foncière ou bon foncier, délivré par le juge-conservateur, qui a inscrit la dette sur le livre foncier, et transmissible par voie d'endossement ; et il remarque combien « il est « étrange qu'un système, qui a généralement passé en France pour « une utopie révolutionnaire, ait été précisément réalisé par l'un « des pays de l'Europe où s'étaient le mieux conservées jusqu'ici « les traditions féodales. » Annuaire de législation comparée, 1873, p. 214.

par l'établissement de propriété ou la constatation de l'exactitude des déclarations foncières ; enfin une responsabilité excessive des conservateurs des hypothèques, qui devaient garantir la valeur portée dans les cédules hypothécaires. Les principes n'étaient pas aussi désastreux et subversifs que certains auteurs l'ont affirmé ; mais l'application en était défectueuse. De plus ils heurtaient les idées généralement acceptées par tous, dans un moment peu favorable, après la dépréciation des assignats ; aussi ne vit-on que le mal et l'imagination épouvantée l'agrandit encore. La réforme ne fut pas appliquée. « Les deux décrets de l'an III rencontrèrent une « opposition obstinée ; des réclamations s'élevèrent de « toutes parts et le pouvoir législatif se hâta de suspendre « l'exécution d'une loi, qui était devenue un objet de ter- « reur » (1). L'ancien système des transmissions de propriété et des hypothèques occultes continua de régir la France.

25. — Un pareil état de choses ne pouvait se prolonger. La loi du 11 Brumaire an VII donna à la France un nouveau Code hypothécaire. Le législateur avait retenu de la loi de l'an III le principe de la publicité des hypothèques ; mais il supprima les cédules hypothécaires, les hypothèques générales et les déclarations foncières. Les principes de la loi nouvelle sont donc la publicité et la spécialité (2) ; la première, édictée dans l'intérêt des tiers contractants, la deuxième, dans l'intérêt même du débiteur, auquel elle évitait soit des procès en réduction d'hypothèque, soit des poursuites de saisie-

(1) Rapport du citoyen Jacqueminot cité plus haut.
(2) Art. 3 et 4.

réelle ruineuses, quand elles portaient sur la généralité des biens. La loi de l'an VII réalisa une autre
réforme aussi importante : elle prescrivit la publicité de
tous actes constitutifs de droits susceptibles d'hypothèque, comme condition essentielle de l'existence de
ces droits à l'égard des tiers ; ces actes devaient être
transcrits intégralement sur des registres publics (1).
Beaucoup plus pratique que les décrets de l'an III, la loi
de Brumaire an VII offrait par cette publicité une garantie sérieuse aux tiers, élément nécessaire de crédit.
Nous n'insisterons pas davantage sur les principes établis par la loi de l'an VII, nous n'examinerons pas si le
mode de transcription créé par la nouvelle loi, répondait à
tous les besoins auxquels le législateur désirait donner
satisfaction, car le Code civil a conservé la publicité et la
spécialité des hypothèques, du moins dans la plupart des
cas, et la loi du 23 Mars 1855 a rétabli la transcription des
actes translatifs de propriété.

26. — D'après le Code civil, toute hypothèque conven-
tionnelle doit être spéciale et inscrite (art. 2129, 2133.)
L'inscription est une condition, non pas de l'existence
même du droit hypothécaire, mais de son effet à l'égard
des tiers (art. 2134). En réalité elle constitue la force de
l'hypothèque. Du jour où elle est réalisée, l'immeuble est
grevé d'un droit réel, qui le suit en quelques mains qu'il
passe et qui est révélé aux tiers par les registres des
conservateurs. Les prêteurs n'avaient donc plus à redouter
de se voir primés par des précédents créanciers hypothécaires qu'ils ne pouvaient connaître.

27. — Mais un autre danger subsistait : comment

(1) Art. 26, 27 et 28.

s'assurer si l'immeuble hypothéqué était réellement la propriété de l'emprunteur ? Le Code civil n'avait pas conservé la transcription comme condition essentielle du transfert de propriété à l'égard des tiers. Le consentement seul suffisait pour opérer la mutation ; la tradition n'était même plus nécessaire.

Ce n'est pas sans de sérieuses discussions que cette formalité de la transcription disparut. Les rédacteurs du Code avaient réservé la question, jusqu'au jour de la discussion du titre des priviléges et hypothèques. Deux articles du projet, présenté par la section de législation du Conseil d'Etat, reproduisaient les dispositions de la loi de Brumaire. Probablement ces articles disparurent par l'influence de Tronchet, qui qualifia de désastreuse la formalité de la transcription et qui déclara que « celui qui « achète n'a pas besoin que la loi pourvoie d'une manière « particulière à sa sûreté ; il a sous les yeux les titres ; il « peut vérifier la possession du vendeur..... » Le même orateur affirma en outre que « cette disposition n'avait « été placée, comme beaucoup d'autres, dans la loi de « Brumaire que pour *l'intérêt du fisc.* » Le conseiller d'Etat Treilhard protesta vivement contre de pareilles assertions, fit ressortir tous les avantages de la publicité des mutations immobilières et signala l'étroite corrélation qui existait entre la transcription et l'inscription des hypothèques. Aucune résolution ne fut prise. Mais le projet, renvoyé à la section de législation, pour quelques modifications à apporter à la rédaction primitive, reparut bientôt : les articles relatifs à la transcription en étaient retranchés ! (1)

(1) Locré T. XVI -P. 357. Exposé des motifs par M. Treilhard sur l'art. 2181. — P. 283. Procès-verbal de la séance du Conseil d'Etat du 10 Ventôse An XII.

28. — La transcription subsista néanmoins, non plus comme une formalité essentielle pour le transfert de propriété à l'égard des tiers, mais comme moyen de publicité. Elle devint le préliminaire de la purge des hypothèques inscrites (art. 2181 C. liv.). — L'acquéreur voulait-il faire tomber les charges hypothécaires, qui grevaient l'immeuble du chef de son auteur ou de précédents propriétaires, il faisait transcrire son titre d'acquisition. Cette formalité rendait public le titre et arrêtait le cours des inscriptions après un délai de quinzaine (art. 834-835, C. Pro. civ.)

29. — D'autre part la transcription avait remplacé l'insinuation en matière de donations. Bien que cette transcription, empruntée à la loi de l'an VII (1), ne fût plus exigée que pour les donations de biens susceptibles d'hypothèque (art. 939 C. civ.), toute personne intéressée pouvait se prévaloir du défaut de transcription; il faut excepter néanmoins celles chargées de la faire opérer ou leurs ayant-cause (Art. 941). Cette dérogation aux effets de la transcription ne s'explique que par le désir des rédacteurs du Code de ne pas se prononcer immédiatement sur la nécessité de maintenir la transcription, comme condition essentielle du transfert de propriété, à l'égard des tiers ayant acquis des droits réels. Ils ont alors repris et appliqué à la transcription les dispositions du droit ancien relatives à l'insinuation (2).

30. — A raison de cette incertitude au sujet du maintien de la transcription, on retrouve éparses dans le Code

(1) Locré, **T.** XI p. 393. Exposé des motifs par M. Bigot de Préameneu. XIV.

(2) Merlin, Rep. v° donations. Section VI § 3.

quelques dispositions, qui parlent de la transcription opérée (1). Certains jurisconsultes s'en étaient emparés, pour affirmer que cette formalité avait été conservée par les rédacteurs du Code. Mais la jurisprudence eut bientôt fait justice de cette doctrine et il fut unanimement reconnu que la transcription était purement facultative, n'avait aucune importance au point de vue du transfert de propriété , et que les articles dont il s'agissait étaient de pures négligences du législateur (2).

31. — Cette lacune du Code civil (3) fut vivement sentie et les inconvénients de la transmission occulte de la propriété provoqua de nombreuses demandes de réforme. Désireux de donner satisfaction à ces réclamations

(1) Art. 2108, 2189, conf., art. 1140, 1585.

(2) Aubry et Rau, *Cours de Droit civil*, § 207, n° 8, et les arrêts cités par ces auteurs.

(3) Si la transcription n'était plus obligatoire et avait perdu la plus grande partie de son importance, elle pouvait encore avoir lieu, et le fisc, qui ne perd jamais ses droits, continuait de prélever le droit de 1 fr. 50 0/0 fixé par la loi du 8 Ventôse an VII (art. 25), lorsqu'un acte était présenté à la transcription. Mais ce droit si élevé rendit plus rares les transcriptions ; les contribuables cherchaient à se dispenser le plus souvent possible d'une formalité onéreuse. — Aussi après les désastres de 1815, le Trésor, à la recherche d'expédients, voulut assurer la perception des droits de transcription. Il imagina de le faire percevoir par les employés de l'enregistrement , lors de l'enregistrement de l'acte, quand même la transcription ne serait pas requise. Les articles 52, 53 et 54 de la loi des finances du 28 Avril 1816 réglèrent ce mode de perception. Nous aurons à nous occuper à diverses reprises des difficultés auxquelles l'application de cette loi peut donner lieu. Nous nous contentons de signaler cette opposition du droit fiscal, qui percevait un droit, alors que les parties n'usaient pas de la faculté, qui leur était réservée par le droit civil.

si légitimes, M. Martin du Nord, alors Garde des Sceaux, provoqua en 1841, dans les Cours d'appel et les Facultés de droit, une sorte d'enquête sur les réformes à apporter au régime hypothécaire. La nécessité de la publicité des mutations foncières fut reconnue à peu près unanimement. Vingt-deux Cours d'appel sur vingt-sept et sept Facultés de droit se prononcèrent en ce sens. Un projet de Code hypothécaire fut élaboré, discuté même, en 1850. Aucune opposition sérieuse ne fut faite au sujet de la matière qui nous occupe.

32. — Mais les événements politiques de 1851 interrompirent ces grands travaux législatifs ; la réforme hypothécaire fut abandonnée. Cependant les nécessités toujours croissantes du crédit foncier donnèrent naissance à la loi du 23 Mars 1855, sur la transcription hypothécaire.

Un principe domine cette loi : le tiers contractant avec le propriétaire d'un immeuble, acquéreur ou prêteur, doit connaître la valeur exacte des droits de celui-ci sur l'immeuble vendu ou hypothéqué. Aussi la loi de 1855 soumet-elle à la transcription, outre les actes entre vifs, translatifs de propriété immobilière ou de droits susceptibles d'hypothèque, tous actes ou jugements contenant constitution de droits réels ou personnels pouvant modifier, même momentanément, la valeur de l'immeuble, tels que antichrèse, servitudes, usage, habitation, baux de plus de dix-huit années, etc., et toute renonciation à des droits soumis à la transcription (1). C'est un véritable progrès sur la loi de l'an VII dont l'article 26 portait seulement : « Les actes translatifs de biens et droits susceptibles

_______

(1) Art. 1 et 2.

« d'hypothèques doivent être transcrits sur les registres
« des hypothèques de l'arrondissement dans lequel ils
« sont situés. » Les effets de cette formalité sont d'ailleurs les mêmes, d'après la loi nouvelle. La transcription
est la condition nécessaire du transfert de la propriété ou
de la constitution des droits soumis à cette formalité, à
l'égard des tiers, qui auraient acquis les mêmes droits et
les auraient conservés en se conformant aux lois (1). D'où
il suit nécessairement que les droits réels d'hypothèque,
constitués par le précédent propriétaire, doivent être
inscrits avant la transcription du titre du nouvel acquéreur et peuvent l'être jusqu'à cette époque (2).Tous ceux,
prétendant un droit réel sur l'immeuble, qui n'auraient
pas fait transcrire ou inscrire leur titre avant cette époque,
seraient déclarés non recevables en leurs prétentions. La
transcription prescrite par la loi de 1855 a donc pour effet
de rendre incommutables les droits nouveaux acquis, à
l'encontre de toutes prétentions ultérieures ; toutefois elle
ne confère pas à l'acquéreur d'autres droits que ceux de
son auteur. Elle ne constitue pas en elle-même une preuve
de la propriété ; c'est au tiers, qui lève un état de transcription, à examiner la valeur des titres.

Mais en rendant cette formalité obligatoire, en lui faisant produire des effets nouveaux, le législateur n'a en
rien modifié la procédure de purge des hypothèques inscrites et la transcription en est toujours considérée
comme le préliminaire indispensable.

La transcription s'opère par la copie entière des titres
sur des registres publics. Les actes sont copiés à la suite

______

(1) Art. 3 et 7. Cpr. art. 26, 2 al. L. Brumaire an VII.
(2) Art. 6.

les uns des autres, dans l'ordre où ils sont déposés au bureau des hypothèques, sans que le conservateur s'occupe soit des parties contractantes, soit de la situation des biens. Une table alphabétique des personnes permet seule de faire les recherches nécessaires.

33. — Cette loi a-t-elle donné pleine satisfaction aux besoins du Crédit foncier, et assuré cette sécurité complète si nécessaire aux transactions ? Au cours même de la discussion, on a formulé des critiques assez sérieuses contre la transcription, telle qu'elle est ordonnée.

34. — Les actes entre-vifs seuls sont soumis à cette formalité. S'il n'existe aucun inconvénient grave à ce que la mutation à cause de mort, qui s'opère au profit des héritiers légitimes, ne soit pas publiée, on ne saurait méconnaître que la fraude est à craindre en matière de transmission testamentaire. L'héritier apparent peut se gérer comme propriétaire des biens légués et induire les tiers en erreur. Mais d'un autre côté, et cette considération a fait prévaloir le système actuel, le légataire ne peut être à la merci de l'héritier et se voir opposer des droits indûment consentis par celui-ci (1). D'ailleurs le légataire, même à titre particulier, a un droit sur la chose léguée. (Art. 1014, C. civ.) L'héritier apparent dispose donc de la chose d'autrui, et cet acte, nul en lui-même, ne saurait être validé par la transcription, qui serait ainsi insuffisante pour écarter des tiers ayant-droit les éventualités fâcheuses d'une telle fraude.

35. — On a aussi reproché à cette loi de grever trop lourdement sur les mutations des petites propriétés en les soumettant à la transcription (1). Mais on ne considérait pas

(1) Rapport de M. de Belleyme au Corps législatif.

(2) Observations de M. André. — Réponse de M. Rouher ; séance du 17 janvier (Corps législatif), *Moniteur* du 19 janvier 1855.

que, même avant 1855, le droit de transcription était perçu lors de l'enregistrement du contrat et que d'ailleurs, après cette loi comme avant, les parties pouvaient se dispenser de payer les droits de transcription, si elles avaient une confiance suffisante dans leur bonne foi réciproque.

36. — Une critique plus grave est celle qui s'adresse à la manière dont sont tenus les registres de transcription et d'inscriptions hypothécaires. Nous en avons déjà sommairement indiqué le mécanisme. Les actes sont transcrits, à la suite des uns des autres, dans l'ordre où ils sont déposés au bureau des hypothèques. D'où résulte une confusion regrettable d'actes qui se suivent, sans se rapporter ni au même immeuble ni au même propriétaire. Et la table destinée à faciliter les recherches dans ces registres ne contient pas la désignation de l'immeuble, mais bien les noms des parties contractantes. Il offre un compte ouvert aux propriétaires, selon l'heureuse expression de M. Mourlon. La conséquence de cet état de choses est qu'on ne peut se renseigner exactement sur la propriété et la situation hypothécaire d'un immeuble, qu'autant que l'on connaît les noms des propriétaires antérieurs (1). La publicité qui résulte de ces registres, comme des registres hypothécaires, étant purement personnelle, n'est par là même que relative. Aussi nous aurons à signaler, en matière de saisie immobilière, une

(1) L'hypothèse la plus facile à supposer est celle où l'un des précédents propriétaires a recueilli à titre d'héritier légitime ou testamentaire l'immeuble dont on recherche l'origine de propriété ou les charges hypothécaires; les héritiers ou légataires n'étant pas tenus à la transcription, les registres ne seront d'aucun secours, si le tiers intéressé ne connaît pas l'auteur de cet héritier.

des sérieuses difficultés, auxquelles ce mode de transcription et d'inscription peut donner lieu (1).

37. — Enfin on peut reprocher, à juste titre croyons-
nous, à la loi du 23 mars 1855 de ne pas s'harmoniser
avec la législation antérieure. L'exposé des motifs énonce
pompeusement qu'il ne s'agit pas « de porter sur le Code
« Napoléon une main sacrilège (2), que ses dispositions
« resteront intactes, son économie entière. » Ce n'est pas
sérieux. La transmission de propriété, qui s'opérait, à
l'égard de tous, par le seul accord des volontés des parties,
est profondément modifiée, en ce qui concerne les tiers
ayant des droits sur l'immeuble : la transcription est
nécessaire désormais. Peut-on dire que l'économie du
Code civil est restée entière ? De cette idée fausse, il est
résulté, dans les questions de transfert de propriété, une
subtilité excessive et regrettable : entre les parties, le
seul consentement suffit ; mais à l'égard des tiers, ayant
acquis et conservé des droits sur l'immeuble, rien n'est
fait avant la transcription du contrat. Or, par application
de cette règle, le deuxième acquéreur, qui a fait transcrire antérieurement au premier, lui est préféré ; par
suite, le vendeur peut transmettre à nouveau les droits
qu'il est réputé avoir consommés par la première vente.
De plus l'aliénation opposable, du jour où elle est consentie, à un créancier chirographaire ou à toute tierce personne qui n'a aucun droit sur l'immeuble vendu, perd
toute sa force si ce créancier chirogaphaire ou cette tierce
personne acquiert un droit soumis à l'inscription ou à la

______

(1) Voir ci-après n° 54.

(2) Ce respect exagéré du Code Napoléon a produit des effets
véritablement fâcheux. V. ci-après, n°ˢ 69 *in fine* note et 136.

transcription et remplit cette formalité avant que l'acquéreur n'ait transcrit son titre. Inconséquence juridique
illogique et fâcheuse, qui laisse trop de facilité à la
fraude ! Ce n'ést pas que nous attaquions le principe
même de la transcription, mais nous regrettons que le
législateur ait cru devoir restreindre ses effets aux tiers
seuls ayant des droits sur l'immeuble, objet d'un nouveau contrat. Il eut été logique d'exiger la transcription
pour le transfert de la propriété, même à l'égard des parties contractantes. Le Code civil n'en eut pas souffert
beaucoup plus, et la loi, se dégageant ainsi de toute subtilité inutile, eut gagné en simplicité. Le même possesseur n'aurait pu être déclaré à la fois propriétaire et non-
propriétaire. La réforme est restée incomplète !

38. — La publicité, condition de la transmission de
droits sur un immeuble, a été admise sous des formes
diverses et avec des conséquences plus ou moins abso-
lues par la plupart des États de l'Europe.

39. — La législation des Pays-Bas (1) celle de la Bel-
gique (2) et celle de la Roumanie (3) présentent une
grande analogie avec la loi française. La transcription
des actes constitutifs de droits réels est prescrite pour
rendre ces actes opposables aux tiers. Toutefois la loi
belge du 16 décembre 1851 exige cette formalité même
pour les actes purement déclaratifs.

40. — D'autre Etats ont admis un mode de publicité
essentiellement différent. L'inscription par extrait rem-

(1) Code civil de 1838. Art. 671.

(2) Loi du 16 décembre 1851.

(3) Code civil de 1864. V. Annuaire de Législation comparée,
1876, page 545, n° 1.

place la transcription. La formalité est donc la même qu'il s'agisse d'une hypothèque ou d'un autre droit réel. De plus le titre, en vertu duquel doit être prise l'inscription, est soumis à l'examen soit d'un tribunal, soit du conservateur, véritable juge, qui doit en apprécier la valeur et autoriser l'inscription ou la refuser. Enfin les registres des inscriptions, appelés registres fonciers, contiennent la désignation juridique du sol ; les inscriptions prises sur chaque immeuble présentent une sorte de tableau qui, à première vue, indique les mutations et charges de l'immeuble (1). Ce système est celui qui régit la Prusse, la Bavière, la Saxe, le Wurtemberg, la Grèce, l'Autriche, la Suisse et encore les Etats-Unis d'Amérique (2). L'ins-

(1) Ces registres fonciers reçoivent les inscriptions indiquant et les transferts de propriété et les constitutions de droits sur l'immeuble et les extinctions de ces droits. La loi française ne prescrit pour les causes d'extinction autres que la renonciation expresse, qu'une mention en marge des actes transcrits et cette mention n'est opérée que pour les jugements prononçant la résolution, nullité ou rescision de l'acte transcrit. (Art. 2, 2° et art. 4). Tout autre mode d'extinction échappe donc à la publicité. En outre, les inscriptions sont prises pour les mutations à cause de mort comme pour les actes entre-vifs.

(2) Prusse : deux lois du 5 mai 1872 sur l'acquisition de la propriété immobilière et sur les droits réels immobiliers. — Sur les livres fonciers. (Ces lois sont une réforme de la publicité qui existait antérieurement depuis un siècle et demi environ.) — Bavière : Loi hypothécaire de 1822. Art. 25. — Saxe : Code civil. Art. 278. — Wurtemberg : Loi hypothécaire. Art. 27. — En Grèce, ce système a été importé par la dynastie bavaroise régnante.— Autriche : Code civil. Art. 321, 322, etc. Loi du 25 juillet 1871. Consulter dans le bulletin de la Société de Législation comparée une étude de M. Ortlieb *sur les livres fonciers en Autriche* d'après la loi du 25 juillet 1871 (mai 1876, p. 343 et suiv.) — Suisse : Consulter un

cription, prise après vérification, est essentielle pour la constitution de droits réels sur un immeuble. Il faut reconnaître les avantages de cette vérification, qui offre une sécurité plus grande , une présomption de validité plus forte en faveur du droit inscrit. Cependant elle ne laisse pas de présenter des inconvénients assez sérieux, à raison des formalités qu'elle rend nécessaires. Aussi en Autriche, où les pièces, en vertu desquelles devaient se faire les différentes mentions sur les registres fonciers, étaient soumises à la légalisation, des réclamations nombreuses ont provoqué en 1875 (séance du 20 janvier) deux résolutions importantes de la Chambre des députés, tendant, l'une à l'abrogation des articles prescrivant la légalisation obligatoire, l'autre à la révision de la loi fondamentale de la matière du 25 juillet 1871. D'ailleurs il faut le remarquer, en Autriche, comme dans presque tous les autres Etats (1), l'inscription, dont le titre a été préalablement vérifié, ne fait pas par elle-même, à l'égard des tiers, preuve de la validité de la propriété ou du droit réel acquis et par conséquent ne peut suffire à garantir les tiers qui auraient contracté

livre de M. Ernest Lehr, professeur de Législation comparée à l'Académie de Lausanne, sur les *divers régimes hypothécaires de la Suisse*. Code civil de Glaris 1874. Art. 175, 176, 177, 255. (Ann. de Lég. comp. 1875.) — Instruction du 9 août 1875 sur la tenue des registres hypothécaires dans le canton de Soleure —Etats-Unis d'Amérique : Acte du 29 mars 1872, concernant les transmissions de propriété dans l'Etat d'Illinois, lequel acte, suivant une note de M. A. Ribot, ne fait que reproduire le droit comparé des Etats-Unis. (Ann. de Lég. comp. 1873, p. 73.)

(1) Il faut, en effet, excepter la Prusse, dont nous allons étudier les lois, et quelques cantons de la Suisse : Zug, Soleure, Bâle-Ville.

avec l'acquéreur, sur la foi de cette inscription. La force de cette formalité est subordonnée à la validité du droit qu'elle constate et tout droit, acquis sur la foi d'une inscription et bien qu'inscrit lui-même, tombe avec la précédente inscription qui n'est pas valable.

41. — La loi prussienne, au contraire, a poussé la logique jusqu'à ses dernières conséquences. La transmission de propriété ne peut s'opérer que par l'investiture suivie d'inscription ; une des formalités manquant, rien n'est fait. L'inscription est donc en réalité l'acte d'aliénation. Dès lors elle peut être attaquée conformément au droit civil. Mais, et c'est ici que l'on saisit la portée de la vérification préalable à l'inscription, l'art. 9 de la loi du 5 mai 1872, sur l'acquisition de la propriété immobilière, etc., déclare que cette annulation de l'inscription ne nuira point aux tiers, qui, sur la foi des registres fonciers, auraient acquis des droits sur l'immeuble à titre onéreux ou à titre gratuit. C'est dire que l'inscription fait preuve absolue de la propriété à l'égard des tiers. En outre et comme conséquence du même principe, la loi prussienne n'admet pas la prescription contre la propriété inscrite. (Art. 7 même loi.)

La loi du 5 mai 1872, sur l'acquisition de la propriété immobilière, etc., reconnaît deux sortes d'hypothèques : celle qui n'est que l'accessoire d'une obligation personnelle, telle qu'elle est pratiquée en France, et celle de création nouvelle, qui a une existence propre, indépendante de toute obligation personnelle et qui est appelée *dette foncière*. Lors de l'inscription d'une dette foncière, il est délivré un *bon foncier*, lequel est transmissible par voie d'endossement même en blanc. Le propriétaire peut

requérir sur son immeuble l'inscription d'une dette foncière (1).

42. — L'Angleterre (2), après bien des efforts et malgré
des résistances considérables, a aussi établi pour les
transmisions de propriété un système de publicité consis-
tant en une inscription du nom du propriétaire sur un
registre terrier (Art. 5, 7, 29). L'inscription peut être
requise comme propriétaire avec tire absolu ou simplement avec titre possessoire (Art. 1). Le premier titre
seul correspond à la pleine propriété. Dans ce cas, le
greffier examine les titres. L'inscription ainsi prise inves-
tit du droit de propriété, sous réserve des charges inscrites antérieurement et de certaines affectations men-
tionnées en l'art. 18 (Art. 7). Les hypothèques, les
servitudes et droits réels et les baux de longue durée sont
soumis à la même formalité (Art. 11 et suiv., 22. 40).
Cependant toute personne, ayant des droits en vertu d'un
titre non enregistré ou créancière en vertu d'un titre
exécutoire, peut former opposition entre les mains du

---

(1) Art. 18, 20, 27, 39, 40, 55. — Nous avons déjà signalé cette
mobilisation de la terre, en examinant la loi de thermidor an III.
D'ailleurs la Prusse n'est pas le seul pays où nous rencontrons
cette institution ; d'après le Code de Glaris (art. 261.) le créancier
hypothécaire est porteur d'une lettre de gage, qu'il peut valablement transmettre à une autre personne ; mais la mention de cession doit porter le nom du nouveau créancier. A Lucerne, à Schaf-
fouse, à Genève, le titre hypothécaire ne contient pas le nom du
créancier et le propriétaire a la faculté de se faire délivrer des
titres hypothécaires sur ses propres biens ; à Bâle-Ville, il pourrait
même consentir sur son immeuble des hypothèques en deuxième
ou troisième rang, en se réservant provisoirement des hypothèques
antérieures. M. Lehr, Op. cit., p. 49.

(2) Acte du 13 août 1875.

greffier. Cette opposition aura pour effet d'empêcher toute cession de la part du propriétaire, sans qu'avis ait été donné à l'opposant. (Art. 53 et suiv.) Ainsi les tiers, qui ont fait inscrire leurs droits sur la terre inscrite, conservent ces droits à l'égard de tous ; si, à raison de circonstances particulières, ils ont purement et simplement formé opposition entre les mains du greffier, leur opposition fait obstacle à toute inscription de mutation de la terre inscrite. L'inscription de mutation opère le tranfert de la propriété sous ces réserves. Mais en réalité cette publicité est peu complète ; les seules personnes pouvant consulter les registres fonciers sont celles qui sont inscrites ; pour les autres, un ordre de la Cour de Chancellerie ou du Comité ou un règlement seuls leur en confère le droit. (Art. 104.) Ajoutons enfin que cette loi n'est pas obligatoire, elle reste à l'état de faculté avantageuse pour ceux qui voudront en profiter.

43. — En Suède, des lois relatives à la transmission de propriété et au régime hypothécaire ont été votées en 1875. Malgré le vœu général, ces lois n'établissent pas un système de livres fonciers, analogue à celui que nous venons d'indiquer. Elles n'ont guère fait que codifier la legislation antérieure. La mutation de propriété s'opère par le seul consentement des parties ; mais un acte public est nécessaire pour la rendre opposable aux tiers : c'est l'investiture, demandée au tribunal, et accordée ou refusée après examen. Mention de cette décision est consignée sur des registres de procès-verbaux. Bien qu'elle ne soit pas autrement nécessaire, cette investiture est prescrite à peine d'amende (art. 3) (1).

(1) L. relative à l'investiture des immeubles.

Le système hypothécaire correspond à celui de l'investiture (1). Le tribunal accorde ou refuse l'inscription hypothécaire (art. 3). Dans le cas où elle est accordée, il en est fait mention au dos du titre en vertu duquel elle a été obtenue (art. 17) (2), et elle participe de la nature de ce titre : si c'est un billet à ordre ou au porteur, l'hypothèque suit la créance entre les mains de tout cessionnaire porteur du billet. — L'hypothèque, qui porte sur plusieurs immeubles, n'est pas indivisible (art. 32). D'ailleurs l'hypothèque a une existence indépendante de celle de l'obligation principale et peut garantir au même rang une créance autre que celle primitivement garantie (art. 25).

Les droits d'usufruit, d'usage et les servitudes ne se conservent que par l'inscription demandée au tribunal (art. 40, 54 et 55.)

Les registres contenant procès-verbaux d'investiture ou d'inscriptions n'ont pas d'autre force que les registres de transcription en France ; ils ne valent que comme simples renseignements, sans impliquer la validité des actes sur lesquels le tribunal a statué.

Ce système très-compliqué n'offre pas de garanties sérieuses. La date de la demande d'investiture ou d'inscription établit la priorité. Dans le cas de concours de deux personnes formant la même demande à la même audience, la loi donne la préférence à celui dont l'acte porte la date la plus ancienne (art. 12. L. I. — Art. 15. L. II.) — Lorsqu'il y a concours entre un acquèreur, qui demande

---

(1) Loi relative à l'inscription sur les immeubles.

(2) Indépendamment du procès-verbal d'inscription dressé sur les registres du tribunal.

l'investiture, et un créancier, qui requiert inscription, l'acquéreur prime le créancier, à moins que celui-ci ne soit privilégié. Solution tout-à-fait arbitraire, n'ayant aucun fondement rationnel ! — Le défaut d'investiture du précédent propriétaire fait obstacle à toute investiture ou inscription ultérieure du chef de celui-ci ou de son ayant-cause (art. 7 et 8. L. I, art. 12. L. II). Enfin les tribunaux, du moins pour les campagnes, ont des sessions assez rares, ce qui donne lieu à une période d'incertitude, qui peut se prolonger pendant près de six mois. Il est facile de comprendre les inconvénients d'un tel système et les critiques incessantes dont il est l'objet.

44. — De toutes les législations étrangères, seules la loi prussienne et celle de quelques cantons de la Suisse nous semblent avoir assuré mieux que la loi française de 1855 la stabilité des transactions immobilières. Et nous avons déjà signalé la grave imperfection que l'on peut reprocher à la loi française. Elle donne lieu dans son application à des difficultés sérieuses. Nous nous bornerons à examiner celles que soulève *la transcription des jugements d'adjudication*.

45. — Un mot encore sur les jugements d'adjudication en général et sur les grandes divisions de notre travail, avant d'aborder le sujet principal de la thèse.

On appelle jugements d'adjudication les ventes d'immeubles faites publiquement, aux enchères, sous la surveillance du tribunal, après l'accomplissement de formalités judiciaires minutieusement réglées par la loi et prescrites pour la plupart à peine de nullité. Ces ventes tout à fait en dehors du droit commun, ont pour but d'assurer soit à un débiteur exécuté par ses créanciers, et à ces créanciers eux-mêmes, soit à des incapables, soit à des co-propriétaires, qui prétendent avoir des droits inconciliables, soit même à des créanciers hypothécaires, des garanties de loyauté, de bonne foi et de sécurité, qu'une vente amiable ne donnerait pas également à tous les intéressés (1). Le terme de jugement donné à ces adjudications est impropre ; aucun droit litigieux n'est tranché (2) ; le tribunal ne siège qu'en matière de saisie immobilière ; pour toutes autres adjudications, un seul juge préside l'audience des criées et donne acte de l'adjudication. Ce qu'on appelle jugement d'adjudication n'est en réalité qu'un procès-verbal judiciaire, relatant les enchères et donnant l'authenticité à la convention intervenue à l'audience.

Considérés au point de vue des effets, les jugements d'adjudication peuvent être divisés en trois grandes classes : les uns constatent une mutation de propriété ; ils sont dits jugements *translatifs*; les autres au contraire, prononcés au profit du précédent propriétaire, le maintiennent purement et simplement dans son droit, ce sont les jugements *confirmatifs;* en troisième lieu, à raison de la situation personnelle de l'adjudicataire et par application de l'article 883 du Code civil, les jugements d'adjudication sur licitation prononcés au profit d'un des cohéritiers ou des copartageants sont réputés actes de partage et par suite purement *déclaratifs*.

(1) Quelques-unes de ces ventes doivent avoir lieu nécessairement à la barre du tribunal ; pour les autres le ministère d'un notaire, délégué spécialement à cet effet par le Tribunal, peut suffire ; les formalités à remplir sont d'ailleurs les mêmes dans ce dernier cas. Ces ventes sont alors qualifiée procès-verbaux d'adjudication.

(2) Sauf dans quelques cas assez rares en matière de saisie immobilière.

La loi du 23 mars 1855 pose en principe (art. 1, 4°).
« Sont transcrits au bureau des hypothèques de la situa-
« tion des biens...... tous jugements d'adjudication
« autres que celui rendu sur licitation au profit d'un
« cohéritier ou d'un copartageant. » Faut-il en conclure
que le législateur a entendu soumettre à la formalité de la
transcription tous jugements d'adjudication autres que
les jugements déclaratifs, à raison de leur nature de jugements d'adjudication ? ou bien interprétant ce texte, en
nous autorisant de l'idée qui a présidé à la loi, dirons-
nous que seuls seront soumis à la transcription les jugements qui opéreront mutation de propriété ? Pour se ranger
à cette dernière opinion, il suffit de suivre le développement du principe posé par l'article 1er, 1°, dans l'économie
de la loi toute entière. La transcription n'a pour but que de
prévenir les tiers de toutes mutations de propriété ou constitutions de droit modifiant la valeur de l'immeuble. Il ne
faut donc pas s'attacher à la lettre d'une rédaction inexacte
et décider que les adjudications purement confirmatives
sont comprises dans les termes de l'article 1, 4° et soumises à une formalité entièrement superflue (1).

Nous étudierons successivement :

1° La transcription des jugements translatifs ;

2° La transcription des jugements confirmatifs ;

3° La transcription des jugements déclaratifs ;

Et dans un appendice, nous examinerons la transcription des jugements d'expropriation pour cause d'utilité
publique.

_______________

(1) Troplong, De la Transcription, nos 100 et suiv. — Mourlon.
Traite de la Transcription, I. 78.

# PREMIÈRE PARTIE

## Jugements d'ajudication translatifs de propriéte.

## I

### JUGEMENTS D'ADJUDICATION SUR SAISIE IMMOBILIÈRE

46. — Ces jugements d'adjudication opéreront toujours translation de propriété. Le saisi, propriétaire de l'immeuble mis en vente, èst frappé par la loi de l'incapacité d'enchérir (art. 711. 2 al. C. Proc. Civ.) Le législateur a voulu éviter tous atermoiements inutiles, qui ne pouvaient sauver une situation désastreuse. Les délais de la procédure d'expropriation forcée sont assez multipliés pour permettre au débiteur d'éviter la vente, s'il a conservé encore quelque crédit. Mais, après des poursuites qui se sont prolongées pendant plus de trois mois, les créanciers ne pouvaient être à la discrétion d'un débiteur,

qui, se rendant adjudicataire, n'aurait cherché qu'à gagner du temps, sans donner aucune garantie de paiement.

Le jugement d'adjudication sur saisie immobilière devra donc toujours être transcrit. C'est l'application de l'article 1, 1° et 4° de la loi de 1855.

Mais, à raison de la procédure spéciale de la saisie immobilière, qui ordonne la mise en cause de tous créanciers hypothécaires et de tous vendeurs antérieurs pouvant exercer l'action résolutoire, à raison des incapacités qui frappent le saisi, nous avons à nous demander quels seront les effets de la transcription de ce jugement d'adjudication, soit en ce qui concerne les hypothèques, soit en ce qui concerne les actes d'aliénation du même immeuble antérieurement transcrits.

# CHAPITRE I<sup>er</sup>

## EFFETS DE LA TRANSCRIPTION RELATIVEMENT AUX HYPOTHÈQUES.

47. — La transcription du jugement d'adjudication sur saisie immobilière, comme celle de tout acte translatif de propriété, arrête le cours des inscriptions des créanciers privilégiés ou hypothécaires (art. 6. L. 1855.)

48. — Mais aux termes de l'article 717, dernier alinéa, du Code de Procédure civile, la transcription du jugement

dont s'agit aurait pour effet de purger toutes les hypothèques et les créanciers n'auraient plus d'action que sur le prix (1).

Peut-on prendre ces expressions à la lettre et attribuer cet effet à la transcription ? Ce serait une dérogation grave aux principes posés par la loi de 1855 et que rien ne justifierait. La transcription n'est pas en effet la formalité qui opère la purge (2). Elle peut en être une des conditions ; mais elle n'est pas la condition unique. Il faut en outre que les poursuites de saisie aient été régulières, que l'adjudication soit inattaquable et que l'adjudicataire ait payé son prix ou l'ait consigné. Et même nous ne croyons pas la transcription nécessaire dans toutes les hypothèses, malgré le texte de la loi qui semble si précis.

49. — La réalité du droit d'hypothèque se traduit par le droit de suite. En quelques mains que passe l'immeuble hypothéqué, le créancier peut le saisir et le faire vendre. C'est un droit essentiel. D'autre part le tiers acquéreur ne pouvait rester sous les menaces incessantes de poursuites en expropriation forcée ; les formalités de purge, réglées par le Code civil, permettent à l'acquéreur de libérer l'immeuble par lui acquis de toutes les charges hypothécaires, le grevant du chef des précédents propriétaires. Toutefois ces formalités diffèrent suivant qu'il s'agit de purger des hypothèques inscrites ou des hypothèques dispensées d'inscription.

A raison de ces formalités différentes, nécessitées par la nature même des hypothèques, nous étudierons

---

(1) Colmet-D'aage. — Leçons de procédure civile, sur l'art. 717. n° 968.

(2) Elle n'est que le préliminaire de la purge des hypothèques inscrites, en matière de ventes volontaires, art. 2183 C. civ.

séparement les effets du jugement d'adjudication relativement aux hypothèques soumises à l'inscription et ceux
qu'il produit relativement aux hypothèques occultes ; car
le jugement d'adjudication purge toutes les hypothèques.

### § I<sup>er</sup>.

### *Hypothèques soumises à l'inscription.*

50. — La purge des hypothèques soumises à l'inscription n'est autre chose que l'alternative, offerte aux
créanciers, d'accepter le prix porté au contrat et le reconnaître comme suffisant, ou de remettre en vente l'immeuble, pour lui faire atteindre sa valeur réelle, de
surenchérir. Le silence gardé par les créanciers, pendant
les délais fixés pour la surenchère, équivaut, de leur part,
à une sorte de ratification du contrat. Dès lors l'immeuble vendu n'est plus grevé de droits réels à leur
profit ; ils n'ont plus qu'un droit de préférence sur le
prix. Le législateur a voulu assurer la transmission de
propriété contre toutes chances ultérieures d'éviction,
sans que les créanciers, qui avaient pour gage spécial
l'immeuble vendu, puissent être frauduleusement dépouillés de leurs droits.

Or, en matière d'expropriation forcée, cette fraude
n'est pas possible. Les créanciers hypothécaires sont
parties à la vente : aux termes de l'article 692 (C. p. c.)
ils sont sommés de vérifier les clauses et conditions du
cahier des charges et ils sont prévenus du jour de l'adjudication ; c'est une mise en demeure de surveiller la
vente et de faire atteindre à l'immeuble sa valeur réelle.
Cette procédure produit donc à juste titre tous les effets

de la purge. Mais peu importe, selon nous, que le jugement d'adjudication soit ou non transcrit. Il est un véritable contrat de vente entre les créanciers hypothécaires
d'une part et l'adjudicataire d'autre part : il leur est donc
opposable du moment où il est prononcé. Quel serait alors
l'effet de la transcription ? Elle ne peut être considérée
comme un préliminaire de purge, ainsi qu'en matière
d'aliénations volontaires (art. 2183. C. civ.). On ne
saurait non plus lui attribuer les effets énoncés en l'art. 3
(L. 1855) à l'égard des tiers. Nous concluons donc que,
dans le cas, (et c'est le plus ordinaire,) où les créanciers
inscrits ont été régulièrement sommés, le jugement d'adjudication sur saisie purge par lui-même les hypothèques
de ces créanciers, et que la transcription du jugement
est dénuée de tout effet (1).

51. — Si les créanciers inscrits n'ont pas été sommés,
la transcription du jugement d'adjudication produira-t-
elle les effets prévus par l'article 717 (C. p. c.) ? Il y a
lieu de distinguer entre les diverses causes de cette
omission.

52. — En premier lieu, on peut supposer un créancier
régulièrement inscrit, mais qui n'a pas été porté sur l'état,
délivré par le conservateur à la réquisition du saisissant.
Ce dernier ne peut être rendu responsable du défaut
de sommation, dont voudrait se prévaloir le créancier
omis. Le jugement d'adjudication purgera l'hypothèque
de ce créancier, qui cependant conservera son droit de

---

(1) Ollivier et Mourlon : Commentaire de la loi du 21 Mai 1858
sur les saisies immobilières et les ordres, n° 233. — Paul Pont :
Des priviléges et hypothèques, n° 1280. 2. — En sens contraire,
Rivière et Huguet : Questions sur la transcription, n° 351.

préférence, s'il se fait rétablir sur l'état hypothécaire en temps utile pour produire à l'ordre, et qui aura, en tous cas, contre le conservateur des hypothèques, un recours en dommages-intérêts, aux termes de l'article 2198 (C. civ.) (1). La transcription rendra opposable à ce créancier le jugement d'adjudication et sera dès lors une des conditions de la purge opérée par ce jugement.

53. — En serait-il de même dans le cas où le créancier inscrit n'est pas touché par la sommation, à raison d'une irrégularité de procédure? La saisie est nulle (art. 692, 1° et 715 C. p. c.). La transcription du jugement d'adjudication ne pourra faire disparaître cette nullité : le créancier omis pourra attaquer le jugement d'adjudication par la voie de la tierce opposition. Pour faire tomber cette nullité, l'adjudicataire devra donc recourir aux formalités ordinaires de purge prescrites par l'article 2181 et suiv. du Code civil. Toutefois le fait par le créancier omis de surenchérir, de poursuivre la revente sur folle enchère ou de produire à l'ordre, équivaudrait à une renonciation de se prévaloir de la nullité de la procédure.

54. — Il peut se présenter encore une autre hypothèse, où un créancier inscrit sur l'immeuble saisi pourra ne pas être sommé. L'article 692 (C. p. c.) prescrivant en termes généraux de *faire sommation aux créanciers inscrits sur les biens saisis*, on en a conclu avec raison que tous les créanciers inscrits, quel que soit l'auteur de leur hypothèque, le tiers détenteur actuel ou un des précédents propriétaires, devaient recevoir cette sommation. Tout créancier inscrit en effet a droit et intérêt à surveiller la vente et à faire porter l'immeuble hypothéqué à sa plus

_______

(1) Poitiers 26 février 1846, Dalloz 47. 2. 54.

haute valeur. Cependant par hypothèse, le poursuivan
agit en vertu d'un jugement, c'est-à-dire que son titre ne
lui fournit aucune indication sur les précédents propriétaires, permettant de faire des recherches utiles sur les
registres de transcription et d'inscription. Si à raison de
circonstances quelconques, soit par suite de négligence,
soit parce qu'il s'agissait d'une mutation à cause de mort,
une des précédentes transmissions de propriété n'a pas été
transcrite, le poursuivant se heurtera à un obstacle insur-
montable ; il sera exposé à ne pas connaître tous les
créanciers hypothécaires inscrits sur l'immeuble, et ne
pourra dès lors accomplir les formalités prescrites par
la loi.

Cette hypothèse a attiré l'attention des commentateurs.
Dans un premier système, le saisissant ne serait tenu de
faire sommation qu'aux seuls créanciers inscrits qu'il *a
pu* connaître (1). La jurisprudence est constante en ce
sens (2).

Dans un deuxième système, qui prétend détruire le premier, on exige la sommation à tous les créanciers inscrits ; mais on ne rend pas le saisissant responsable du
défaut de sommation. C'est le conservateur seul qui, par
application de l'article 2196 (C. civ.), serait responsable
s'il n'a pas exécuté les travaux et relevés nécessaires pour
que l'article 692 puisse être exécuté. Ce système, sou-

<hr>

(1) Seligmann et Pont. Explication théorique et pratique de la
loi du 21 mai 1858, n° 17, note, n° 3.

(2) C. Paris, 5 juillet 1832, Journal des Avocats, T. 43, p. 595
C. Turin, 2 juillet 1810, J. Av. T. 20, p. 273. C. Cass. Rej. 13
novembre 1827. Dalloz, Rep., v° Vente publique d'immeubles, n°
809, 3°. Caen, 14 novembre 1849, Dalloz 58. 2. 29.

tenu énergiquement par M. Chauveau en particulier (1), ne diffère pas sensiblement de celui adopté par la jurisprudence. Les partisans de cette opinion ont passé sous silence une circonstance, dont leurs prétendus adversaires tenaient compte, le défaut de titre d'un des précédents propriétaires. Or, depuis 1855, la transcription étant imposée, le conservateur, à qui le saisissant demandera un état des inscriptions grevant l'immeuble, du chef du détenteur actuel et des *précédents propriétaires*, sera responsable des omissions, si les différents transferts de propriété ont été régulièrement transcrits. Sinon, il y a impossibilité absolue pour le conservateur, comme pour le saisissant, de connaître les précédents propriétaires et par suite les créanciers hypothécaires. Il serait illogique de rendre responsable soit le créancier saisissant, soit le conservateur, des irrégularités de procédure, qui n'ont d'autres causes que les imperfections de la loi. Il y a intérèt public à reconnaître que cette hypothèque sera purgée par le jugement d'adjudication ; mais ici encore la transcription est la formalité nécessaire pour que l'adjudicataire puisse se prévaloir de son titre d'acquisition et invoquer les effets produits.

Est-ce à dire qu'en toutes hypothèses, le créancier inscrit et non sommé perd tout droit de suite par le fait du jugement d'adjudication ? La solution que nous avons donnée est vraie, quand le défaut de transcription résulte de la loi même, c'est-à-dire quand il y a eu mutation à cause de mort. Mais si l'omission de cette formalité résulte de la négligence soit du saisi, soit d'un de ses auteurs,

(1) Carré et Chauveau : Lois de la Procédure civile. Q, 2329. Ollivier : et Mourlon Op. cit. n. 54,

nous ne croyons pas que la solution puisse être la même. Il ne faut plus se demander si le droit réel du créancier inscrit est purgé par l'adjudication. La transcription étant la condition essentielle du transfert de propriété à son égard et seule permettant de lui opposer le titre nouveau, ce créancier pourra-t-il prétendre qu'il est fondé à considérer l'immeuble comme étant encore aux mains du propriétaire, dont l'acte de vente n'a pas été transcrit, que dès lors le jugement d'adjudication ne peut avoir aucun effet à son égard, et que la transcription de ce jugement ne suffirait pas à couvrir le défaut de transcription du titre antérieur (1) ? Or, incontestablement le créancier inscrit pouvait l'opposer au détenteur saisi et l'adjudicataire n'a pas sur l'immeuble adjugé d'autres droits que ceux du saisi, c'est-à-dire n'a pas un droit opposable à ce créancier. Situation identique à celle d'un second acquéreur, qui, ayant fait transcrire, se trouverait en présence d'un adjudicataire. A cette solution que nous croyons rigoureusement vraie, certains auteurs (2) opposent les termes de l'article 717 (C. p. c.) : *l'adjudication dûment transcrite purge toutes les hypothèques*. Mais cet effet ne se réalisera qu'après une procédure régulière. Or la procédure est-elle régulière dans notre hypothèse ? C'est un cercle vicieux dont on ne pourrait sortir. — Cependant il faut bien en convenir, le défaut de transcription, dans un cas où cette formalité était nécessaire, était une faute imputable tout au moins au saisi et qui rejaillira sur les autres créanciers hypothécaires et sur l'adjudicataire

(1) V. plus loin n<sup>os</sup> 65 et suivants et les auteurs cités en note.

(2) Mourlon, de la transcription, n° 603.

lui-même. Or, en pratique, peut-être vaut-il mieux ne pas aller aussi loin et accorder davantage à l'utilité générale ; considération qui entre pour une large part dans la solution absolue de la jurisprudence.

55. — Enfin nous pouvons supposer un créancier hypothécaire, qui n'aurait pris inscription qu'au cours de la procedure de saisie ou même après le jugement d'adjudication, mais avant la transcription de celui-ci. Le débiteur a pu constituer cette hypothèque, soit antérieurement à la saisie, soit postérieurement, même après la la transcription du procès-verbal. (1). La négligence du

(1) Ce droit pour le débiteur, de consentir une hypothèque sur les biens saisis, résulte de la discussion du projet de loi de 1841 (Chambre des députés. Séance du 6 juin 1841. Moniteur du 7). Au cours de la discussion, avaient été formulés deux amendements : l'un refusant au saisi le droit d'hypothéquer à compter du jour de la transcription du procès-verbal ; l'autre ayant pour but de restreindre l'effet de l'inscription de l'hypothèque ainsi consentie. Cette hypothèque n'aurait pu primer la créance du saisissant en principal, intérêts et frais. Il est regrettable que cet amendement ait été écarté ; car le saisissant, simple créancier chirographaire, souffre un préjudice grave par suite de la présence de cette inscription tardive. On a objecté les principes de droit commun et l'action que, dans le cas de fraude, le saisissant pourra toujours exercer, par application de l'article 1167. Mais il ne faut pas se dissimuler combien est précaire ce moyen ; la preuve de la fraude est toujours chose fort difficile et, dans bien des cas, impossible ; le recours est donc illusoire. Nous n'hésiterions pas à voir, dans la poursuite de saisie immobilière, la preuve certaine de la déconfiture du saisi. « Or », comme le disait M. Lherbette, au cours de la discussion, « la déconfiture est la faillite du non-commerçant ; que l'homme » en déconfiture ne puisse, pas plus que le failli, nuire à ses créan- » ciers par de nouvelles hypothèques. » Les créanciers chirographaires sont dans une situation tout aussi digne de considération que les créanciers hypothécaires, et la loi ne les protège pas en

créancier ne peut lui être reprochée ; elle ne fait aucun obstacle à l'inscription qu'il peut prendre à toute époque aux risques et périls bien entendu de se voir primé par des inscriptions prises antérieurement à la sienne. Son droit reste entier, tant que la transcription du jugement d'adjudication n'aura pas été effectuée. S'il n'a fait inscrire son hypothèque qu'après la publication du cahier des charges, il ne sera pas porté sur l'état hypothécaire délivré au poursuivant ; ce dernier ne lui fera pas sommation d'assister à la vente. Dès lors le créancier, dont il s'agit, ne sera pas partie à l'adjudication.

A fortiori, la situation sera la même si l'inscription est d'une date postérieure à celle du jugement d'adjudication. Quel sera l'effet de cette inscription ? Le créancier hypothécaire aura-t-il conservé ainsi tous ses droits, le droit de suite et le droit de préférence ? Et l'adjudicataire devra-t-il, pour purger cette hypothèque, recourir aux formalités prescrites par les art. 2181 et suiv. (C. civ.) ? Ou au contraire le jugement d'adjudication produira-t-il, à l'égard de ce créancier, les mêmes effets de purge qu'à l'égard de tous les autres créanciers hypothécaires ?

Dans un premier système (1), on distingue entre le cas où l'inscription a précédé l'adjudication et celui où elle

laissant au saisi la faculté d'hypothéquer. Il eût été à désirer que le projet primitif présenté à la Chambre des pairs, qui édictait l'incapacité absolue d'hypothéquer, eût été maintenu. L'exception prévue par les articles 687 et 688 du Code de procédure civile assurait suffisamment au saisi la faculté d'user du crédit qu'il pouvait encore trouver.

(1) Paul Pont : Des hypothèques, n° 1280, n° 2. Dalloz : Rep. v° Priviléges et hypothèques, n° 2023.

l'a suivie. Dans le premier cas, le créancier subirait la peine de sa négligence : l'adjudication sur saisie est précédée d'une publicité assez considérable pour que lui, créancier hypothécaire intéressé à surveiller son gage, ait dû intervenir à la poursuite et se soit placé dans une situation analogue à celle des autres créanciers inscrits. Mais si l'inscription est postérieure à l'adjudication, ce créancier n'a pas été partie aux poursuites ; à son égard, il y a *res inter alios acta ;* l'adjudication ne lui est pas opposable, puisqu'elle n'était pas transcrite. D'autre part l'inscription est valable, elle assure tous les effets de l'hypothèque. L'adjudicataire devra donc recourir aux formalités ordinaires de purge, sans pouvoir invoquer le jugement d'adjudication.

Toutefois ce système ne semble pas concorder avec les termes absolus de l'article 717 (C. p. c.). — Nous adopterons donc celui de la majorité des auteurs et de la jurisprudence, qui déclare que la transcription du jugement d'adjudication suffit, pour transporter le droit du créancier inscrit sur le prix. Ici la transcription et non le jugement d'adjudication produira les effets de purge et nous appliquerons la lettre même de l'article 717. Il est bien vrai que le créancier, dans notre hypothèse, n'a pas été partie au jugement d'adjudication ; que ce jugement est *res inter alios acta*, à son égard ; qu'on ne peut considérer les créanciers inscrits et sommés comme représentant tous les créanciers hypothécaires ayant l'immeuble saisi pour gage. Mais ces vérités sont tout-à-fait secondaires, en présence de l'intérêt absolu, qui s'impose en matière de vente publique d'immeubles, et surtout d'immeubles saisis. L'adjudicataire doit avoir une sécurité entière ; son droit de propriété, acquis à la suite d'une procédure régulière et conservé suivant les formes prescrites par la loi, ne peut être exposé aux contestations soulevées par un créancier négligeant ou de mauvaise foi. Car ce créancier est en faute, s'il n'a pas connu les poursuites de saisie, (l'inscription n'a été prise, par hypothèse, que postérieurement à la transcription du procès-verbal de saisie,) et s'il les a connues, il serait de mauvaise foi de venir en contester les effets. D'ailleurs l'article 717 dit formellement que le jugement d'adjudication, dûment transcrit, purge toutes les hypothèques. Nous ne pouvons légitimement supposer que le législateur, en rédigeant cet article, ne s'est pas rendu compte de sa portée véritable. Or nous avons vu que les créanciers inscrits et sommés ne pouvaient opposer à l'adjudicataire le défaut de transcription et prétendre en l'absence de cette formalité exercer leur droit de suite. Par conséquent cette disposition n'aurait aucune portée si elle ne s'appliquait pas aux hypothèques inscrites au cours de la saisie ou même après le jugement d'adjudication. D'ailleurs les hypothèques légales même non inscrites sont purgées par la transcription de ce jugement ; et le créancier hypothécaire conventionnel ne serait pas fondé à prétendre à plus de faveur que les femmes ou les mineurs spécialement protégés par la loi. Pour conclure, nous dirons donc que le créancier hypothécaire, qui n'a pu être sommé par le poursuivant, parce qu'il n'avait pas encore fait inscrire son hypothèque, au moment où le conservateur a délivré l'état, perdra tout droit de suite sur l'immeuble, du jour de la transcription du jugement d'adjudication, et qu'il n'aura plus d'action que sur le prix.

56. — Ainsi, quand il s'agit d'hypothèques soumises à la formalité de l'inscription, la purge résulte des som-

mations prescrites par l'article 692 (C. p. c.), suivies d'adjudication. La transcription ne produit aucun effet dans le cas le plus ordinaire, où les créanciers, régulièrement sommés, sont parties à l'adjudication. Si les créanciers n'ont pas été sommés, ou bien le poursuivant est en faute, et alors la transcription du jugement d'adjudication, loin d'opérer la purge des hypothèques inscrites, sera insuffisante pour couvrir la nullité des poursuites de saisie ; ou le défaut de sommation sera causé par une erreur du conservateur, ou par le fait même du créancier : dans ces hypothèses seulement, la transcription est véritablement la condition de la purge, car seule, elle rend opposable aux créanciers inscrits le jugement d'adjudication.

## § II.

### *Hypothèques légales.*

57. — La loi du 21 Mai 1858 a édicté une grave dérogation aux principes admis jusqu'alors (1): elle prescrit

(1) Jusqu'en 1833, la jurisprudence avait admis que le jugement d'adjudication purgeait même les hypothèques légales, qui auraient pu frapper l'immeuble saisi. Mais, par un arrêt rendu en audience solennelle, le 22 juin 1833, la Cour de Cassation avait repoussé cette opinion. Lors de la rédaction de la loi du 2 juin 1841, une disposition spéciale, prescrivant de faire sommation aux personnes pouvant prétendre exercer une hypothèque légale sur l'immeuble saisi, avait été insérée dans le projet. La purge des hypothèques occultes eût été opérée par le jugement d'adjudication. Après d'assez longs débats devant la Chambre des Pairs (séances des 23 et 25 avril 1840. Mon. des 24 et 26), la proposition fut écartée ; l'hypothèque légale resta inviolable et l'adjudicataire était contraint de

certaines formalités, qui doivent être remplies au cours de
la saisie, et qui ont pour objet la purge des hypothèques
légales, définitivement réalisée par le jugement d'adjudication. Certaines hypothèques légales, celles garantissant
les droits des femmes mariées, des mineurs, des interdits, se conservent indépendamment de toute inscription
sur les immeubles du mari ou du tuteur. Cependant aux
termes de l'article 692 (C. p. c.) une sommation, analogue
à celle signifiée aux créanciers inscrits, est faite à toute
personne pouvant prétendre, du chef du détenteur actuel
ou des précédents propriétaires, une hypothèque légale
sur l'immeuble saisi. Cette sommation contient en outre
la déclaration que, faute par là partie sommée de prendre
inscription, avant la transcription du jugement d'adjudication, elle sera déchue de tous droits, pouvant résulter
à son profit de l'hypothèque légale sur l'immeuble vendu.
Pareille sommation est faite au Procureur de la République, comme représentant légal de ces incapables.

58. — Nous n'avons pas à examiner ici les conditions
de validité de cette sommation ; il nous suffit d'indiquer
que le poursuivant n'est tenu de la faire qu'autant que le
mariage ou la tutelle lui sont révélés par son titre. Dans
un grand nombre de cas, les renseignements seront forcément insuffisants ; et cependant des termes de l'article
692, rapprochés de ceux de l'article 717 *in fine*, nous
sommes autorisés à conclure que l'effet du jugement

recourir aux formalités des articles 2193 et suivants du Code civil.
(Ollivier et Mourlon. Op. cit., nᵒˢ 21, 24 et 25 ) Cependant cette
proposition fut reprise en 1858 et resta définitivement écrite dans
la loi. Désormais les créanciers à hypothèques légales seront, à
l'égard de l'adjudicataire, dans la même situation que les créanciers hypothécaires inscrits.

d'adjudication dûment transcrit sera absolu à l'égard de toutes les hypothèques légales (1).

59. — La transcription en effet est la limite du délai, pendant lequel peut être requise l'inscription. Si l'hypothèque légale a été requise en temps utile, le créancier sera dans la situation des créanciers inscrits sur l'immeuble adjugé : ses droits seront transportés sur le prix. Malgré les termes de l'article 692, 2°, qui énonce l'inscription comme la formalité nécessaire pour *conserver les hypothèques légales sur l'immeuble,* on ne saurait prétendre que la purge n'a pas été opérée et que le droit de suite subsiste. Cette conclusion, induite d'une rédaction vicieuse, ne saurait prévaloir sur l'esprit de la loi et l'intention formelle du législateur manifestée au cours de la discussion (2).

60. — Si l'inscription a été prise par les créanciers à hypothèques légales, à raison de la sommation à eux faite, en vertu de l'article 692, 2°, la transcription du jugement d'adjudication n'aura aucune utilité à leur

(1) Rapport de M. Riché au Corps législatif, sur cet article. — Ollivier et Mourlon: op. cit. nᵒˢ 133, 134, 135. Seligmann et Pont: op. cit. nᵒ 32.

(2) Le complément des formalités tendant à la purge des hypothèques légales dans la procédure de saisie immobilière est l'insertion légale prescrite par l'article 696 (C. p. c.) Il est curieux de remarquer que toutes ces formalités sont à peu près les mêmes que celles prescrites par les articles 2193 et suiv. du Code civil, en matière de purge d'hypothèques non inscrites après aliénation volontaire. S'il n'y a pas dépôt préalable du contrat, il y a le dépôt du cahier des charges et les délais sont de même durée. En matière de saisie immobilière, les créanciers à hypothèques légales sont donc protégés aussi efficacement qu'en matière de vente volontaire.

égard, au point de vue du moins qui nous occupe : car ils ont été parties à la vente.

61. — Si au contraire n'ayant pas été sommés, mais avertis simplement par l'insertion légale, ils ont pris inscription, ils seront dans la situation des créanciers inscrits postérieurement à la publication du cahier d'en-chères, et la transcription sera alors une condition essentielle de la purge des hypothèques légales, puisque, seule, elle permettra à l'adjudicataire d'opposer à ces tiers la transmission de propriété, opérée à la suite d'une procédure de saisie réelle régulière et tous les effets produits par l'adjudication.

62. — Enfin les créanciers, dont nous nous occupons, n'ont pas inscrit leur hypothèque légale, avant la transcription du jugement d'adjudication ; la purge sera également opérée. Toutefois, comme à l'égard des autres créanciers hypothécaires l'inscription n'était pas une condition du droit de préférence résultant des hypothèques légales, la femme mariée, le mineur ou l'interdit conserve encore son droit de préférence et peut toujours intervenir à l'ordre amiable ou judiciaire ouvert sur le prix d'adjudication (a. 717. dern. alin. C. p. c.) (1). Ce que nous voulons retenir de cette disposition, c'est l'effet important de la transcription du jugement d'adjudication, qui fera obstacle à toute inscription ultérieure d'hypothèque légale sur l'immeuble adjugé.

---

(1) En réalité que le créancier à hypothèque légale prenne inscription ou non, ses droits restent les mêmes. L'inscription a cette seule utilité de faire obstacle à toute distribution du prix par voie d'ordre, en l'absence du créancier inscrit.

# CHAPITRE II

—

## EFFETS DE LA TRANSCRIPTION RELATIVEMENT AUX ALIÉNATIONS DE L'IMMEUBLE EXPROPRIÉ.

**63.** — Le jugement d'adjudication prononcé opère translation de propriété au profit de l'adjudicataire. C'est l'application des principes de droit commun (art. 1138, 1158 C. civ.) Mais la loi de 1855 ayant modifié ces principes à l'égard des tiers qui ont acquis des droits sur l'immeuble et qui les ont conservés en se conformant à la loi, et affirmant (art. 3) que jusqu'à la transcription les droits résultant des actes et jugements énoncés aux articles précédents ne pouvaient leur être opposés, nous avons à examiner diverses hypothèses où l'adjudicataire se trouvera en présence de tiers prétendant des droits réels sur l'immeuble adjugé. Ces tiers peuvent être des ayant-cause soit d'un précédent propriétaire, soit du saisi lui-même.

§ I.

*Ayant-cause d'un précédent propriétaire.*

**64.** — Pour qu'il y ait contestation possible, nous devons supposer que l'une des transmissions antérieures de propriété n'a pas été transcrite. Voici l'espèce : Primus a vendu à Secundus un immeuble ; Secundus n'a pas fait transcrire son acquisition et l'immeuble a été adjugé, après des poursuites de saisie immobilière. L'adjudicataire a fait transcrire le jugement d'adjudication. Mais dans l'intervalle, Primus, le premier propriétaire, a vendu le même immeuble à Tertius qui a fait transcrire l'acte de vente mais seulement après la transcription de l'adjudication. Tertius sera-t-il fondé à revendiquer l'immeuble dont s'agit contre l'adjudicataire, en invoquant le défaut de transcription de la vente intervenue entre Primus et Secundus? Le principe, qui doit nous guider dans la recherche de la solution, est écrit dans l'art. 717, 1 al. (C. p. c.) *L'adjudication ne transmet à l'adjudicataire d'autres droits à la propriété que ceux appartenant au saisi* (1). Il est vrai que si cette règle de bon sens a été rappelée ici, c'est à raison des dérogations formelles qui ont été édictées par le législateur relativement au droit de résolution du vendeur et à la purge de toutes les hypothèques. Mais en dehors de ces exceptions nous rentrons dans le droit commun, et nous nous trouvons en face de cette question générale : la transcription du dernier contrat d'acquisition suffit-elle pour couvrir à l'égard des tiers le défaut de transcription de contrats antérieurs?

65. — Sur cette question, la doctrine est divisée. Certains auteurs admettent que le sous-acquéreur, en faisant transcrire son titre, acquiert une propriété incommutable à l'égard de tous, bien que les précédentes transmissions de propriété n'aient point été transcrites (2).

(1) Conf. a. 1599 (C. civ.)

(2) Rivière et Huguet : Questions théoriques et pratiques sur la transcription, n° 212. Flandin : de la transcription II, 887 et 892. Mourlon : Examen critique du Commentaire de M. Troplong sur les priviléges, n°⁵ 344 et 373.

66. — D'autres proposent de distinguer : si l'acte transcrit contient un établissement de propriété, c'est-à-dire l'indication des différentes mutations qui se sont succédées, la transcription de cet acte suffira ; dans le cas contraire, le sous-acquéreur devra nécessairement faire transcrire tous les actes antérieurs, sinon les ayants-cause des précédents propriétaires pourraient se prévaloir de ce défaut de transaction.

67. — M. Troplong (1) multiplie les distinctions : ou la vente consentie par l'auteur commun à Tertius est antérieure à la transcription du jugement d'adjudication et n'a été transcrite que postérieurement ; l'adjudicataire qui a fait transcrire le premier sera préféré ; ou la vente consentie à Tertius est postérieure à la transcription du jugement d'adjudication ; alors il y aurait lieu de distinguer : si le jugement contient les noms des précédents propriétaires, Tertius ne pourrait prétendre aucun droit à l'encontre de l'adjudicataire, « puisqu'il a pu consulter « l'état de la propriété et voir ce qui s'était passé...... il « ne saurait se plaindre d'une surprise ; » sinon, l'adjudicataire devrait faire transcrire l'acte d'acquisition de Secundus, pour échapper à la revendication de Tertius.

68. — M. Seligmann (2) admet qu'il y a lieu de distinguer entre les aliénations volontaires et les adjudications sur saisie. S'agit-il d'aliénation volontaire, la transcription du transfert de propriété ne couvrirait pas le défaut de transcription. Mais en matière d'expropriation forcée, la transcription du jugement d'adjudication suffirait en tous cas.

(1) Commentaire de la loi du 23 mars 1855 sur la transcription, nᵒˢ 164 à 172.

(2) Op. cit., nᵒ 81.

69. — Enfin un dernier système repousse toute distinction. Le défaut de transcription d'un acte, constatant la mutation de propriété antérieure, sera opposable en tous cas à l'adjudicataire ; et ce dernier devrait faire transcrire non-seulement le jugement d'adjudication, mais aussi le titre dont s'agit, s'il en est temps encore, pour rendre son titre d'acquisition opposable aux ayants-cause de l'auteur commun. Ce système nous semble le plus rationnel et le plus conforme à l'esprit de la loi de 1855 (1).

En effet, reprenant l'hypothèse que nous avons posée ci-dessus, nous dirons que si l'adjudicataire n'a pas fait transcrire à la fois et le jugement d'adjudication et le contrat de vente intervenu entre Primus et Secundus, la transcription opérée par Tertius pourra être opposée par ce dernier à l'adjudicataire. D'une part en effet Secundus, n'ayant pas fait transcrire son acte d'acquisition, ne pouvait, aux termes de l'article 3 de la loi de 1855, s'en prévaloir à l'encontre de Tertius : il n'avait qu'une propriété relative pour ainsi dire, qui tombait forcément devant la transcription d'une nouvelle mutation de propriété. Or incontestablement cette situation devait durer tant que Secundus ne ferait pas transcrire son titre. L'adjudication n'a transmis à l'adjudicataire que cette propriété précaire (art. 717, C. p. c.). Cet adjudicataire, en faisant transcrire son titre, a confirmé seulement la propriété qu'il tenait de l'adjudication, c'est-à-dire qu'à l'égard des ayant-cause du saisi seulement, de Secundus, sa propriété sera incommutable.

(1) Aubry et Rau : op. cit., § 209, texte et notes 99 et suiv. — Mourlon : de la Transcription, II, n° 600. — Demolombe, XXIV, 465, etc.

Rien, suivant M. Flandin (1), n'obligeait Secundus à
transcrire, si ce n'est son propre intérêt ; il n'a donc pu
en transmettre l'obligation à l'adjudicataire. Ce raisonnement nous semble absolument faux. La transcription
a pour but de protéger les acquéreurs, mais encore et
surtout les tiers, qui traiteraient avec le précédent propriétaire. Ce que la loi a exigé pour la perfection du transfert de propriété à l'égard des tiers ayant acquis des
droits réels, c'est la publicité du titre translatif. Or, tant
que cette formalité n'est pas effectuée, la vente de l'immeuble est pour les tiers *res inter alios acta* ; ils peuvent
donc acquérir et conserver, en se conformant à la loi, tous
droits réels sur cet immeuble qui, pour eux, n'a pas
changé de propriétaire. Cette conséquence admise, qu'im-
portent toutes les mutations ultérieures ? Que l'immeuble
reste entre les mains de l'acquéreur qui n'a pas fait
transcrire ou qu'il passe en d'autres mains, la condition des tiers ne peut être modifiée ; la loi n'a pas été exécutée. Seule, la transcription du titre dont s'agit pourra
modifier la condition de cet immeuble.

On objecte qu'on ne comprendrait pas pourquoi la
transcription du jugement d'adjudication serait sans
valeur à l'égard des ayant-cause de Primus, l'auteur
commun, alors qu'elle aurait toute sa force contre ce
dernier, et ferait obstacle à ce qu'il inscrivît son privilége de vendeur. — Mais, comme le fait remarquer M.
Gidde, « cette distinction découle comme une consé-
« quence naturelle de cette autre distinction, dont on ne
« saurait méconnaître la justesse : c'est que la vente con-
« sentie par Primus est parfaite vis-à-vis de lui, quoi-

(1) N° 890.

« qu'elle ne soit pas transcrite : tandis que vis-à-vis de
« ses ayant-cause, elle est, faute de transcription, con-
« sidérée comme non avenue. En d'autres termes, Pri-
« mus ne peut alléguer le défaut de transcription pour
« méconnaître une vente qu'il a lui-même consentie ;
« l'ayant-cause de Primus, au contraire, peut opposer la
« non-transcription de cette vente parce qu'elle est
« demeurée clandestine à son égard (1). » Or, la transcription du jugement d'adjudication est évidemment
insuffisante pour faire disparaître la clandestinité. La
principale cause de cette clandestinité est le mode de
transcription sur les registres, et la manière insuffisante
et défectueuse dont ils sont tenus et que nous avons
signalée.

De ce que les registres soient mal organisés, ajoute-
t-on, s'en suit-il que le législateur n'ait pas entendu que
la transcription doive produire des effets absolus ? — Ce
serait tout au moins une preuve de l'impuissance de la loi
à atteindre le but que le législateur s'est proposé, la protection des tiers ayant acquis des droits. Et il ne faut pas
multiplier les difficultés de la pratique. Or la loi prescrit
la transcription de tout contrat, et, en présence de ces
termes formels (art. 1 et suiv. L. 1855), il est difficile de
soutenir que la transcription du jugement, qui contiendrait
les noms des propriétaires, serait une publicité suffisante
pour suppléer au défaut de transcription d'un titre antérieur. La transcription est la copie intégrale de l'acte, et
c'est aller formellement à l'encontre des dispositions de
la loi, les modifier, que d'admettre l'opinion que nous
combattons. D'ailleurs il est un cas où la clandestinité

_______________

(1) Revue critique, 1865, p. 372 et suiv.

sera absolue : celui où les noms des précédents propriétaires ne seraient pas contenus au dernier acte transcrit, et ce sera le cas le plus ordinaire en matière d'expropriation forcée, le propriétaire saisi se refusant à donner au poursuivant aucune indication. La conséquence
des systèmes de nos adversaires est que des tiers, qui
n'ont été avertis en aucune façon, seront dépouillés de
droits qu'ils avaient de justes raisons de croire légitimement acquis. C'est atteindre un résultat diamétralement
opposé à celui voulu par les législateurs de 1855.

On oppose encore à notre système les articles 3 et 6 de la
loi de 1855, dont on prétend induire que tout acquéreur
n'a d'autre titre à faire transcrire que le sien propre, pour
consolider sa propriété envers et contre tous. Les termes
de l'article 3 sont généraux : il faut que les tiers aient
conservé leurs droits en se conformant à la loi, avant la
transcription, sinon cette transcription leur sera opposable. — Mais cette argumentation ne repose que sur
l'interprétation judaïque des textes. On ne peut séparer
l'article 3 de l'article 1er, qui prescrit la transcription pour
tout acte translatif ; or, ainsi interprété, l'article 3 serait
une restriction à la disposition fondamentale de la loi.
Quant à l'article 6, on prétend lui donner une portée
absolue, en disant que, par ces mots « *le précédent propriétaire* », le législateur a voulu désigner tous les propriétaires antérieurs. N'est-il pas plus logique de reconnaître que l'article 6 dit expressément ce qu'il doit dire et
que la transcription n'arrête le cours des inscriptions que
sur le précédent propriétaire, c'est-à-dire sur l'auteur de
l'acte transcrit. D'ailleurs la loi n'a statué que pour l'hypothèse la plus générale, celle d'une transmission de propriété qui vient d'être effectuée, et a réglé les effets de

cette transcription. Le législateur a exigé cette formalité comme condition essentielle et indiqué les conséquences de l'inexécution. Ces conséquences subsistent aussi long-temps que la cause qui les a fait naître. Et du silence de la loi sur l'effet de la transcription d'une transmission ultérieure de propriété, on ne saurait conclure à une exception aux principes établis. La logique la plus élé-mentaire s'y oppose.

Lors de la discussion au Corps législatif, cette question a été soulevée en ce qui concerne la purge des hypo-thèques ; mais elle n'a pas été résolue (1). Le rapporteur s'est contenté de remarqner que la discussion était pos-sible, alors que la question paraissait à M. Allart résolue par la loi nouvelle, qui dit clairement que la transcription opère la purge à l'égard de tous ceux qui n'ont pas fait inscrire antérieurement leurs droits. Cette opinion, ex-primée par un député, ne saurait être considérée comme indiquant la véritable portée de la loi, en matière de transmission de propriété, en présence de la réponse du rapporteur, M. de Belleyme, en présence surtout de la discussion, qui, dès cette époque, existait en jurispru-dence et en doctrine.

Nous concluons donc que l'adjudicataire devra, pour s'assurer une propriété indiscutable à l'encontre des ayants-cause des précédents propriétaires, faire trans-

(1) Séance du 13 janvier 1855. Monit. du 15. M. de Belleyme se contenta de répondre que « la question, posée par M. Duclos, et » qui partage les Cours souveraines, est une question de jurispru-» dence et de régime hypothécaire ; que la loi actuelle n'avait donc » pas pour objet de la résoudre ! » Réponse à peu près incompré-hensible, si l'on ne se souvient que l'exposé des motifs avait affirmé qu'on ne toucheraiten rien à l'économie dn Code civil !

crire et son jugement d'adjudication et tout autre titre constatant une mutation de propriété immobilière, que ses auteurs n'auraient pas soumis à cette formalité.

§ II.

*Ayant-cause ·du saisi.*

70. — La saisie immobilière étant un mode d'exécution, opérant dépossession violente du débiteur saisi, devait nécessairement être entourée de garanties nombreuses, destinées à empêcher la ruine inutile du débiteur. De là ces formalités, ces délais rigoureux, dont l'inobservation entraîne la nullité de la procédure. Mais les créanciers ne pouvaient être victimes de ces retards forcés, aussi le législateur a-t-il frappé le saisi de certaines incapacités, qui assurent aux créanciers inscrits la réalisation de l'immeuble ou le paiement de leur créance. La plus importante de ces dérogations au droit commun est l'incapacité d'aliéner l'immeuble, à dater de la transcription du procès-verbal de saisie (Art. 686 C. p. c.). Les autres peuvent se résumer ainsi : Les baux qui n'ont pas acquis date certaine, avant le commandement, sont annulables sur la demande soit des créanciers, soit de l'adjudicataire (Art. 684 C. p. c.). A partir de la transcription de la saisie, les fruits naturels ou industriels, les fruits civils sont immobilisés. Si l'immeuble saisi n'est pas loué, le débiteur saisi est considéré comme séquestre judiciaire, tenu par conséquent de rendre compte des fruits, à moins que les créanciers ne fassent nommer une tierce personne en cette qualité (Art 681, 682 et 685 C. p. c.). Le débiteur saisi est en outre responsable de toutes détériora-

tions ou dégradations et passible de ce chef des peines édictées par le Code pénal (Art. 683 C. p. c., 400 et 434 C. pénal). Le saisi reste donc propriétaire de l'immeuble ; mais il s'opère une sorte de dessaisissement, analogue à celui produit par le jugement déclaratif de faillite. Toutefois, à raison même du droit de propriété, qui continue à résider sur sa personne, le débiteur saisi peut encore consentir une vente valable de l'immeuble aliéné, mais dans des conditions tout à fait spéciales (Art. 687 C. p. c.): le prix de vente doit être suffisant pour acquitter, en principal intérêts et frais, ce qui est du aux créanciers inscrits, ainsi qu'au saisissant ; ce prix doit être consigné, et notification de la consignation doit être faite à tous les intéressés, avant le jour fixé par l'adjudication.

71. — Tel est l'ensemble des restrictions apportées par le législateur au droit de propriété du débiteur saisi. Il faut le remarquer, la procédure d'expropriation forcée produit ses effets, sauf en ce qui concerne les baux, non pas à partir du jour de la saisie ou de la dénonciation du procès-verbal, mais seulement du jour de la transcription du procès-verbal et de la dénonciation. Elle ne confère pas au saisissant de droit réel sur l'immeuble saisi, mais elle rend opposable à tous la saisie pratiquée. L'immeuble est mis sous la main de justice, et tout créancier, qui voudrait le saisir de nouveau, ne peut continuer les poursuites ; la transcription d'une précédente saisie fera obstacle à la transcription de la saisie par lui pratiquée. Si le premier saisissant ne menait pas à fin les poursuites par lui commencées, le second créancier saisissant serait obligé, soit de faire prononcer la radiation de la transcription de la première saisie, soit de demander la subrogation aux premières poursuites.

72. — En conséquence, nous écartons de prime-abord l'hypothèse où le saisi aurait vendu l'immeuble, après la transcription de la saisie. Une pareille vente est nulle de plein droit, sans qu'il soit besoin de faire prononcer la nullité en justice ; ce sont les expressions de l'article 686. Il ne peut donc pas se présenter de contestation entre l'acquéreur, qui aurait fait transcrire une vente consentie dans les conditions antérieurement à la transcription du jugement d'adjudication, et l'adjudicataire.

73. — De même *à contrario,* il ne peut y avoir de difficultés, si le débiteur actuellement saisi a consenti une vente avant ou après les poursuites commencées, laquelle vente aurait été transcrite antérieurement à la transcription de la saisie. Il ne s'agit ici que d'appliquer purement et simplement les règles de droit commun.

74. — Le débiteur saisi a aliéné l'immeuble, depuis les premières poursuites de saisie ou même antérieurement ; mais l'acquéreur n'a fait transcrire son titre que postérieurement à la transcription de la saisie. Cette vente sera-t-elle opposable au créancier saisissant ? Trois systèmes sont en présence. Certains auteurs admettent que la vente sera opposable pourvu qu'elle ait acquis date certaine avant la transcription de saisie (1). D'autres distinguent, suivant que la saisie a été pratiquée par un créancier hypothécaire ou par un créancier chirographaire ; la vente dont s'agit ne serait opposable que dans ce dernier cas (2).

---

(1) Aubry et Rau : op. cit., § 209, texte et n⁰ˢ 95 et 96. Troplong : de la transcription, n⁰ 47. — Flandin : op. cit., 850 à 853. — Carré et Chauveau : op. cit., 92291 bis.

(2) Dalloz : Périodique 58, 2, 16, note. Ollivier et Mourlon : op. cit., n⁰ˢ 197 et 198.

Enfin d'après un troisième système, toute vente non transcrite avant la transcription de saisie, serait considérée comme non avenue (1).

La jurisprudence est partagée entre les deux systèmes extrêmes, l'hypothèse d'un créancier chirographaire saisissant ne se présentant que fort rarement en pratique (2).

75. — Tout d'abord nous croyons qu'il faut écarter le deuxième système, celui qui fait une distinction entre le créancier chirographaire et le créancier hypothécaire. Soit que l'on admette, soit que l'on dénie un effet à la vente dont s'agit, peu importe la qualité du créancier saisissant ; toute la question est de savoir si la transcription de la saisie donne un droit suffisant, pour arrêter l'effet de la transcription de la vente, et non pas si, par application de la loi de 1855, la vente est parfaite à l'égard des créanciers chirographaires par le seul consentement des parties et doit être transcrite pour être opposable à un créancier hypothécaire. A l'égard de tout créancier hypothécaire, la transcription de la vente n'a pour effet que d'arrêter le cours des inscriptions. Si l'hypothèque est inscrite, la mutation de propriété ne diminuera en rien le droit du créancier hypothécaire, qui conserve toujours le droit de suite. Donc, ou la transcription de saisie donnera un droit nouveau au saisis-

(1) Seligman : op. cit., n° 59. Colmet-D'Aage, op. cit., II, 930.

(2) Altkirch, 1856-1858. Dalloz, 58, 3, 61. Caen, 1ᵉʳ mai 1858. Dalloz, 58, 2, 161. Besançon, 29 novembre 1858. Dalloz, 59, 2, 33. Saverne, 30 mars 1860. Dalloz, v°, Transcript. hypoth., 473. Caen, 23 février 1866. Dalloz, 68, 2, 141, admettent que cette vente ne sera jamais apposable, — En sens contraire, Dôle, 10 mars 1858. Dalloz, 58, 3, 61. Angers, 1ᵉʳ décembre 1858. Dalloz, 59, 2, 31. Limoges, 1ᵉʳ juin 1865. Dalloz, 65, 2, 181, 182. Nancy, 8 décembre 1856. Dalloz, 58, 3, 61.

sant, fût-il créancier chirographaire ou hypothécaire, alors la vente, transcrite tardivement, ne lui sera pas opposable ; ou bien le droit du saisissant n'a pas été modifié par la transcription de la saisie, et alors le créancier hypothécaire ne saurait prétendre sur l'immeuble qu'à un droit de suite. Là se borne son droit réel et l'aliénation doit lui être opposable du jour où elle a été transcrite.

76. — Restent donc en présence les deux systèmes absolus. Les partisans de l'opinion, qui déclare que la vente transcrite dans les conditions ci-dessus, peut être opposée au créancier saisissant, invoquent ce fait que la transcription de saisie ne crée pas un droit réel au profit du saisissant. Une vente dûment transcrite est opposable au créancier chirographaire d'une manière absolue, et au créancier hypothécaire inscrit en tant qu'elle ne lèse pas son droit de suite. Or la vente n'a pas amoindri ce droit ; il est vrai que l'exercice en est arrêté, qu'une nouvelle procédure devra être recommencée contre le tiers détenteur actuel ; mais le saisi a conservé la capacité de vendre jusqu'à la transcription du procès-verbal de saisie, et il n'a fait qu'user de ce droit. Il est d'ailleurs constant que la saisie n'est pas l'exercice du droit réel d'hypothèque, qui grève l'immeuble, tant que cet immeuble est entre les mains du débiteur, puisque la saisie peut être poursuivie par un créancier chirographaire. Le créancier hypothécaire saisissant a donc dans l'espèce deux droits parfaitement distincts et qui ne se complètent nullement l'un par l'autre : le droit de suite, qui est pleinement sauvegardé par l'inscription, et le droit qui est dénié, résultant à son profit de la transcription de la saisie.

**77.** — Examinons donc la portée de l'article 686 (C.
p. c.). Une analyse précise de la situation, faite au saisissant et au saisi par la transcription du procès-verbal,
nous permettra d'établir que si un droit réel proprement
dit ne résulte pas de cette transcription, il naît une incapacité dont le saisissant peut se prévaloir à l'égard de
tous.

En effet, dès ce moment, le débiteur a perdu le droit
de vendre l'immeuble saisi. Par hypothèse, la vente par
lui consentie est antérieure à la transcription du procès-
verbal, mais n'a été transcrite que postérieurement, et
dès lors, à l'égard des tiers, ne devient opposable que du
jour de l'accomplissement de cette formalité. Or le
saisissant a mis sous la main de justice l'immeuble du
débiteur et il a rempli les formalités pour que cette main
mise produisît son plein et entier effet : il a fait transcrire
le procès-verbal de saisie. De ce jour, l'immeuble ne
peut lui être soustrait ; il est aliénable, il ne peut être
vendu sans son consentement (1). Le créancier a donc
acquis un droit sur cet immeuble, droit opposable à tous
et qui a pour corrélatif l'incapacité absolue du vendeur.
Le législateur a si bien reconnu l'importance de ce droit
qu'il a ordonné une publicité spéciale, identique à celle
nécessaire à l'acquisition de droits réels à l'égard des
tiers. Ce droit est si absolu que les autres créanciers ne
peuvent de leur côté poursuivre la vente de l'immeuble
précédemment saisi. Ils attendront le résultat des poursuites commencées, ou, en cas de négligence du premier
saisissant, ils demanderont la subrogation. Ainsi il y a
un véritable droit acquis. Est-ce un droit réel ? C'est jouer

(1) Art. 686, 687, 743, C. p. c.

sur les mots que de nous accuser de vouloir transformer
les effets de la transcription du procès-verbal de saisie en
un démembrement de la propriété (1). Nous ne préten-
dons pas que le créancier saisissant ait acquis des droits
hypothécaires sur l'immeuble, par le fait de cette transcription, parce que nous le reconnaissons fondé à réclamer l'appui des prescriptions légales sur la transcription
hypothécaire. Faire ce reproche à notre système, c'est
prendre à la lettre la rubrique de la loi du 23 mars 1855,
alors que cette loi ordonne la transcription d'autres actes
que ceux translatifs de droits réels susceptibles d'hypothèque (V. art. 2), et contient des dispositions complètement étrangères à la transcription (Art. 8 et 9). Si le
droit du saisissant n'est pas un droit hypothécaire, il
n'en a pas moins pour objet l'immeuble, qu'il maintient,
pour ainsi dire, en dehors du commerce. Et ce droit
résulte non pas de la saisie, mais de la transcription.
Alors, dit-on, la vente, opposable au créancier chirographaire saisissant, a produit tout son effet du jour où elle
a acquis date certaine, et le saisissant ne peut détruire
cet effet par la transcription, qui ne peut valider une saisie
pratiquée sur un bien, qui a cessé d'être le gage du créancier poursuivant (2). C'est là une véritable pétition de

---

(1) Chauveau : op. cit., 2291 bis.

(2) M. Mourlon : op. cit., 455 et suiv., fait une distinction entre
le cas où la vente est antérieure à la saisie et celui où elle est postérieure. Dans le premier cas, la saisie, faite *super non domino*, est
nulle et la vente même non transcrite est opposable au saisissant.
Dans le deuxième cas, si la vente n'est pas transcrite avant la
transcription du procès-verbal de saisie, elle n'est pas opposable
au saisissant, n<sup>os</sup> 480, 482. Mais il est incontestable que tant que
la transcription n'est pas opérée, un tiers peut acquérir du chef du

principe. Il y a lieu d'appliquer l'art. 3 de la loi de 1855, si, comme nous en sommes intimement convaincus, la transcription confère un droit au saisissant; c'est un cas identique à celui où le second acquéreur fait transcrire avant le premier acquéreur ; tant que la transcription n'a pas eu lieu, il n'y a pas de droit réel opposable. Mais que le droit soit né antérieurement à la transcription, comme dans l'hypothèse d'une seconde vente, ou qu'il naisse de l'accomplissement même de cette formalité, peu importe, puisque son existence est indiscutable et que les tiers doivent désormais le respecter. Ce n'est donc pas là une objection qui puisse nuire à notre système et étayer solidement l'opinion adverse ; car pour raisonner ainsi, il faut supposer que la transcription de la saisie, frappant d'inaliénabilité l'immeuble, ne confère aucun droit au saisissant, et on suppose démontré ce qui est en question.

78. — Nous croyons avoir prouvé que le saisissant acquiert, par la transcription du procès-verbal, un droit *sui generis* sur l'immeuble saisi. Quant à qualifier autrement ce droit, nous n'avons nullement la prétention de le faire. Son existence nous semble évidente : il n'est pas compris dans les droits soumis à la transcription par la loi de 1855 ; ce n'est ni un droit susceptible d'hypothèque, ni une servitude proprement dite ; mais il est publié par la transcription même qui lui donne naissance, et cet effet n'étonnera pas, si l'on considère que le créancier saisissant n'a pas pour lui-même un droit actif qu'il puisse exercer ; c'est un droit purement

précédent propriétaire des droits sur l'immeuble vendu. Et M. Mourlon va même jusqu'à admettre que la transcription du procès-verbal confère au saisissant un droit réel !

négatif, dont l'existence ne se révèle que par l'obstacle qu'il crée à l'exercice des droits des tiers.

79.— Enfin comme dernière hypothèse, nous pouvons supposer que le débiteur saisi a vendu l'immeuble postérieurement au jugement d'adjudication, et que la transcription de cette vente a précédé la transcription du jugement. C'est, à notre sens, une hypothèse bizarre. Mais elle a été soulevée par certains commentateurs (1) et nous devons la discuter. La solution dépend uniquement de savoir quelle est la durée de la prohibition d'aliéner, édictée par l'article 686 (C. p. c.). Le jugement d'adjudication fait-il cesser l'état exceptionnel, créé par les poursuites de saisie, ou bien au contraire l'incapacité ne prend-elle fin que par la transcription du jugement d'adjudication, c'est-à-dire quand la propriété est transférée d'une façon incommutable ? Cette question ne pouvait se poser sous l'empire du Code civil et de la loi de 1841. Le transfert de propriété était opéré à l'égard de tous par le jugement d'adjudication. Mais, depuis la loi de 1855, la transcription étant la formalité nécessaire pour que le transfert de propriété soit opposable aux tiers ayant des droits réels, il en résulte nécessairement qu'un certain temps s'écoulera entre la transmission de propriété, parfaite au regard des parties par l'adjudication, et la transmission opposable aux tiers par le fait de la transcription. Si l'on veut adopter l'opinion, qui déclare que le jugement d'adjudication fait cesser l'incapacité édictée par l'article 686 du Code de procédure civile, on se trouve en présence de certaines objections

(1) Mourlon : op. cit., n° 79. — Ollivier et Mourlon : op. cit., n° 199.

péremptoires, selon nous. Comment admettre, en effet, qu'un tiers vienne invoquer le jugement d'adjudication non transcrit, pour dire qu'il ne le connaît pas ? Il y a là une contradiction inadmissible.

D'autre part l'incapacité d'aliéner résulte de la transcription de la saisie. L'article 716 du Code de procédure civile ordonne que mention du jugement d'adjudication sera faite en marge de cette transcription. Quel serait le but de cette mention, sinon de libérer l'immeuble de l'inaliénabilité, dont l'avait frappé la saisie ? On a allégué que cet article 716 avait été fait à une époque, où il n'y avait pas de transcription obligatoire, et que la loi de 1855 avait fait disparaître toute l'importance de cette mention. A la vérité, la loi sur la transcription a diminuée l'utilité de la mention dont s'agit, mais ne l'a pas fait disparaître entièrement. Cette mention équivaut à une radiation de la saisie, complément nécessaire de la procédure, et la transcription de l'adjudication ne produit pas cet effet.

D'ailleurs on ne saurait nier cette autre contradiction : au cours des poursuites, après la transcription de saisie, alors qu'il est encore propriétaire, le saisi est incapable d'aliéner ; mais dès que la propriété ne réside plus sur sa tête, du jour de l'adjudication, le saisi recouvrerait sa capacité pleine et entière, sa capacité d'aliéner un immeuble qui ne lui appartient plus ! On a cherché à tourner cette objection en disant que l'incapacité de l'article 686 du Code de procédure civile est tout en faveur des créanciers hypothécaires ; que du jour de l'adjudication, les droits de ces créanciers sont fixés ; que l'adjudicataire se trouve dans la situation d'un acquéreur ordinaire et qu'il doit remplir les formalités ordinaires pour conserver sa propriété à l'égard des ayant-cause du saisi. Nous ne faisons pas à l'adjudicataire une situation autre et ce n'est pas dans son intérêt, que nous nous refusons à reconnaître la validité de la vente dont s'agit.

Mais l'intérêt des créanciers est en jeu et le péril est le même pour eux, que l'aliénation ait été consentie avant ou après l'adjudication. De deux choses l'une : ou les créanciers hypothécaires ont touché le prix d'adjudication ; si la vente, consentie par le saisi et dûment transcrite, est opposable à l'adjudicataire, qui n'a pas fait transcrire, ce dernier pourra répéter les sommes par lui indûment payées ; si le prix n'est pas encore payé, il se refusera au paiement, car l'adjudication ne lui aura conféré aucun droit. Les créanciers se trouveront donc complétement frustrés dans leurs espérances et forcés de pratiquer de nouvelles poursuites, ce que l'article 686 (C. p. c.) a pour but d'éviter. D'ailleurs il n'est pas exact de dire que les droits des créanciers soient définitivement fixés par le jugement d'adjudication. De nouvelles hypothèques peuvent être inscrites, jusqu'au jour de la transcription du jugement. Or, si l'on suppose que postérieurement à l'adjudication, mais avant sa transcription, s'accomplit la période de dix années, avant l'expiration de laquelle doit être renouvelée toute inscription, et que le créancier, sommé et partie à la saisie, n'ait pas renouvelé en temps utile cette inscription, les nouveaux créanciers hypothécaires primeront ce créancier négligent, ce qui n'aurait certes pas lieu, si, du jour de l'adjudication, ce dernier avait un droit acquis sur le prix. Donc nous nous refusons à admettre que l'incapacité de l'article 686 (C. p. c.) disparaisse du jour de l'adjudication (1).

(1) Seligman et Pont: op. cit., n° 57.

80. — Mais cette solution est-elle rigoureusement exacte et applicable à toutes les hypothèses qui peuvent se présenter ? Le doute naît de ce que l'adjudicataire n'est pas libre de faire transcrire, quand bon lui semble. La loi lui impartit un délai de 45 jours, qui court à partir du jugement d'adjudication (art. 750. C. p. c.). Passé ce délai, l'adjudicataire, qui n'a pas fait transcrire, est en faute ; les créanciers peuvent exercer des poursuites de folle enchère. Mais cette nécessité de faire transcrire, dans ce délai relativement restreint, est tout entière en faveur des créanciers inscrits, dont les droits sont transportés sur le prix d'adjudication. La transcription est le préliminaire indispensable de l'ouverture de l'ordre. Et la poursuite de folle enchère, autorisée contre l'adjudicataire négligent, n'est qu'un moyen de coercition entre les mains des créanciers, qui ont droit à toucher, sur le prix d'adjudication, le montant de leur créance. De tout ceci, nous conclurons donc que, passé le délai de 45 jours fixé par l'article 750, le droit des créanciers est plus vivace que jamais ; que l'adjudication est remise en question par la poursuite de folle enchère ; qu'il y a là une sorte de continuation des poursuites de la saisie ; que dès lors on ne saurait méconnaître que l'incapacité édictée par l'article 686 du Code de procédure civile doive subsister, à raison même des motifs qui l'ont fait édicter par le législateur ; qu'en conséquence tout acquéreur, qui aurait fait transcrire, ne sera pas recevable à opposer son prétendu droit de propriété à l'adjudicataire, qui n'a pas fait transcrire dans les quarante-cinq jours ; sinon ce serait lui permettre d'opposer le même droit aux créanciers, qui peuvent toujours et incontestablement objecter l'inaliénabilité de l'immeuble saisi.

## II

## ADJUDICATION SUR CONVERSION.

—

81. — Le jugement de conversion des poursuites de saisie immobilière en vente sur publications volontaires ne modifie en rien l'immobilisation des fruits, loyers et fermages résultant de la saisie, ni l'inaliénabilité prononcée par l'article 686 du Code de procédure civile. — Par conséquent tout ce que nous avons dit des effets de la transcription de la saisie, à l'égard des aliénations consenties par le propriétaire, s'appliquera sans difficultés à l'hypothèse qui nous occupe. La transcription du jugement d'adjudication sur conversion aura la même portée que celle de l'adjudication sur saisie.

82. — Quant à la purge des hypothèques, elle ne résultera du jugement d'adjudication que si la conversion a été demandée postérieurement à la sommation faite aux créanciers inscrits. A ce moment en effet ces créanciers sont parties aux poursuites et la conversion ne peut avoir lieu sans leur consentement (1). S'ils donnent les mains à la conversion, ils seront réputés avoir consenti à transporter, sur le prix éventuel de l'adjudication, les droits qu'ils pouvaient prétendre sur l'immeuble.

(1) Art. 743, 3ᵉ alinéa, C. de pro. civ.

# III

## ADJUDICATION SUR LICITATION PRONONCÉ AU PROFIT D'UN TIERS

—

83. — Cette adjudication est soumise à la formalité de la transcription. L'exception, écrite dans l'article 1, 4°, de la loi de 1855, affirme la nécessité de la transcription. Il y a mutation de propriété.

84. — Dans le cas où la licitation n'est que le préliminaire d'une liquidation, il n'y a pas à se préoccuper de ce que devient la créance du prix ; alors même qu'elle serait attribuée à l'un des cohéritiers, pour le remplir de ses droits, l'adjudicataire invoquerait en vain l'effet déclaratif du partage à l'égard des tiers pour se soustraire à la transcription et au droit proportionnel; s'il peut invoquer le partage et se considérer comme l'ayant-cause de ce seul héritier, c'est seulement à l'égard des ayant-cause des autres cohéritiers et pour se soustraire aux droits réels que ces derniers pourraient prétendre sur l'immeuble licité. Mais dans ses rapports avec le cohéritier créancier du prix d'adjudication, il y a contrat à titre onéreux et mutation de propriété, qui donne lieu à la transcription et à la perception du droit proportionnel.

85. — Cependant si le tiers adjudicataire avait, antérieurement à l'adjudication, acquis d'un des cohéritiers ses droits héréditaires, la transcription ne serait plus nécessaire. L'effet déclaratif du partage se produirait pleinement à son égard. Il n'a pas, il est vrai, le même

titre que les autres copartageants ; mais il est copropriétaire indivis et l'adjudication a fait cesser l'indivision à l'égard de tous les communistes (1). Le cessionnaire des droits d'un cohéritier se trouve aux lieu et place de celui-ci. Si les autres cohéritiers n'exercent pas contre lui le retrait successoral, il prendra part à toutes les opérations de licitation et de liquidation, comme s'il était cohéritier. Il jouira de tous les avantages et supportera toutes les charges de cette situation. Il faut donc reconnaître que, dans notre hypothèse, il sera dispensé de faire transcrire par application de l'article 1, 4°, de la loi de 1855.

86. — La Cour de Cassation a admis pleinement la vérité de ces considérations (2). « Attendu, » dit-elle dans cet arrêt, « qu'il est de principe général, en matière de « partage, que chaque co-partageant est censé avoir suc- « cédé seul et immédiatement à tous les effets compris « dans son lot, ou à lui échus sur licitation, et n'avoir « jamais eu la propriété des autres effets ; »

« *Qu'aucune disposition de loi n'exige, pour l'appli-* « *cation de ce principe, que les cohéritiers ou associés* « *le soient devenus au même titre ;* »

« Que s'il résulte des lois spéciales sur l'enregistrement « que les dispositions de l'article 883 ne sont pas appli- « cables, dans les matières que ces lois régissent, elles « reprennent tout leur empire dans les matières de droit « commun (3) ».

---

(1) Aubry et Rau: Cours de droit civil, § 625, texte et note 13.— Mourlon : De la transcription I, § 323.— Demolombe : XVII, 289.

(2) Cass. Ch. civ., 27 janvier 1857. D. P. 57, 1,5.

(3) Il ne faudrait pas cependant se méprendre sur la doctrine de la Cour de cassation et la croire aussi absolue que nous l'avons présentée. En cette matière, la Cour a deux solutions qu'elle em-

Nous pouvons donc affirmer que le cessionnaire, qui se rend adjudicataire sur licitation, n'est pas tenu de faire transcrire.

## IV

### ADJUDICATION DE BIENS DE MINEURS OU DE BIENS D'UNE SUCCESSION VACANTE.

87. — Nous réunissons sous une même rubrique ces

ploie tour à tour : l'une applicable au droit civil pur, celle relatée au texte, et l'autre au droit fiscal. Au point de vue des droits à percevoir, elle considère comme ne pouvant être assimilé à un copartageant ou à un cohéritier le cessionnaire des droits d'un copropriétaire indivis, parce que ce cessionnaire n'est pas propriétaire *au même titre*. Il semblerait donc qu'une loi fiscale, réglementant la matière, fasse une condition essentielle de l'identité de titre, pour l'application du principe de l'art. 883, et cependant aucun arrêt n'a visé ce texte problématique. — Cass. Ch. Réun., 19 décembre 1845. Dal. P. 46, 1, 17. — Ch. civ. 11 février 1846, D. P. 46, 1, 102.— 26 janvier 1848, D. P. 48, 1, 56.— 9 janvier 1854, D. P. 54, 1, 34. — 21 juillet 1858, D. P. 58, 1, 456. — La Cour semble fonder surtout son opinion, depuis 1855, sur l'impossibilité de comprendre sous le nom de copartageant ou de cohéritier le cessionnaire de droits indivis. Mais en l'absence d'un texte précis, nous ne pouvons admettre cette divergence entre le droit civil et le droit fiscal. Mourlon : de la transcrip. I, 323 et suiv., et les considérations de M. Valette rapportées en note du n° 323. D'ailleurs nous verrons plus loin qu'en droit fiscal, la jurisprudence de la Cour de Cassation n'est pas plus favorable au copartageant ou au cohéritier lui-même. V. n° 136, note 2.

deux sortes de jugements d'adjudication et nous ne les citons que pour mémoire. — Ils tombent sous l'application de l'article 1. 4° de la loi de 1855, et nous ne croyons pas qu'aucune question puisse être soulevée à ce sujet.

**V**

## ADJUDICATION DE BIENS DÉPENDANT D'UNE SUCCESSION BÉNÉFICIAIRE.

88. — L'adjudication prononcée au profit de tout autre que l'héritier bénéficiaire doit être transcrite ; il y a mutation de propriété.

89. — Mais une question très-grave s'est élevée, lorsque l'héritier bénéficiaire s'est rendu adjudicataire de l'immeuble dépendant de la succession (1). Doit-il néces-

(1) Remarquons tout d'abord que si, en pratique, la question de savoir si l'héritier bénéficiaire peut se rendre adjudicataire d'un immeuble de la succession, est tranchée d'une façon définitive, certains auteurs ne laissent pas cependant de protester contre une semblable jurisprudence. Peu importe que l'héritier poursuive lui-même la vente, ou qu'une saisie immobilière soit pratiquée à la requête des créanciers de la succession. Dans le premier cas, l'héritier n'est qu'un mandataire ; or le mandataire est incapable d'acquérir en son nom personnel (art. 1596 C. civ.). Dans le cas de saisie immobilière, l'héritier et le saisi ne sont qu'une seule et même personne, et il faut appliquer l'art. 711 (C. p. c.) qui interdit

sairement faire transcrire ? Oui, si le jugement d'adjudication lui crée un titre nouveau opposable aux tiers.
— Non, si ce jugement n'est pour lui qu'un titre
confirmatif.

90. — On ne peut résoudre *a priori* la question de
savoir si, à l'égard de l'héritier bénéficiaire, qui se rend
adjudicataire, le jugement opère une véritable transmission de propriété, ou s'il ne fait que confirmer une propriété préexistante ; il est nécessaire auparavant de se
rendre compte de la situation exacte de l'héritier sous
bénéfice d'inventaire,

91. — L'acceptation pure et simple d'une succession
met l'héritier aux lieu et place du défunt ; il est personnellement tenu des dettes de la succession ; ses biens
deviennent le gage commun des créanciers héréditaires ;
il s'opère une confusion des deux patrimoines.

92. — L'héritier bénéficiaire conserve au contraire
son patrimoine personnel à l'abri de toutes poursuites des
créanciers de la succession, lesquels ne peuvent exercer
leurs droits que sur les biens du défunt et jusqu'à concurrence de leur valeur seulement (art. 802, C. civ.) A l'égard
de ces biens, l'héritier n'est qu'un simple administrateur,
ne pouvant en disposer comme bon lui semble, contraint

à l'avoué d'enchérir pour le saisi. Le seul cas, où l'héritier pourrait
être déclaré adjudicataire, serait celui où il aurait commencé des
poursuites de saisie immobilière, avant l'ouverture de la succession, et les aurait continuées contre un curateur nommé conformément à l'art. 996 (C. p. c.); car alors la qualité d'héritier bénéficiaire s'efface momentanément. Nous n'avons pas à discuter cette
manière de voir, qui d'ailleurs trouvera sa réfutation dans l'exposé
que nous faisons des droits de l'héritier bénéficiaire. Chauveau sur
Carré ; op. cit., Q. 2395 ter, 2513 bis.

de recourir à des formes spéciales pour les aliéner, et tenu de rendre compte de son administration aux créanciers et aux légataires (art. 803 et suiv. C. civ. 987 et suiv. C. p. c.). Il peut même être contraint de donner caution aux parties intéressées (art. 807, C. civ.). Les deux patrimoines demeurent donc entièrement séparés. Comme conséquence, l'héritier bénéficiaire a conservé contre la succession tous les droits qu'il pouvait avoir contre le défunt, et il pourra les exercer soit contre ses cohéritiers, soit contre un curateur nommé à cet effet (art. 996, C. p. c.) De ces intérêts toujours distincts, parfois opposés, nous concluons à l'existence de deux personnalités juridiques, réunies sur la tête de l'héritier bénéficiaire. Celui-ci agira donc tantôt comme administrateur de la succession bénéficiaire, lorsqu'il poursuivra la réalisation de l'actif par la vente des meubles ou des immeubles, lorsqu'il paiera les créanciers de la succession ou qu'il fera délivrance des legs, etc., et tantôt en son nom personnel, lorsqu'il agira contre la succession pour faire valoir ses droits (1).

93. — La situation de l'héritier bénéficiaire serait donc nettement définie, s'il était un simple administrateur et rien de plus. Mais il ne peut être assimilé à un administrateur ordinaire, à un curateur de succession vacante, ou à un syndic de faillite, par exemple. Il administre la succession ; mais il n'est pas le mandataire des créanciers. Ce n'est pas dans leur intérêt qu'il agit : il ne répond que de ses fautes graves, alors qu'un mandataire est tenu plus rigoureusement vis-à-vis de son mandant (art. 804 — comp. art. 1992. C. civ.) S'il commet des fautes graves,

_______________

(1) Conf. Labbé : Revue critique, 1856, VIII, p. 214, n° 4.

s'il ne remplit pas les formalités prescrites par la loi, il ne
cesse pas d'administrer la succession, il est seulement
déchu du bénéfice d'inventaire ; il est réputé dès lors
héritier pur et simple et les créanciers de la succession
deviennent ses créanciers personnels (art. 801. C. civ. —
988 et 989 C. pr. civ.) De là on a conclu que l'héritier bénéficiaire, comme l'héritier pur et simple, représente la
personne du défunt (1). Or, en qualité d'héritier, même
sous bénéfice d'inventaire « très-certainement il est », dit
Merlin (2), « propriétaire des biens qu'il recueille à ce
« titre. Et il ne l'est pas seulement à l'égard de ses co-
« héritiers, il l'est encore à l'égard des créanciers et des
« légataires. Car, s'il ne l'était pas à leur égard, à qui
« donc la propriété serait-elle censée appartenir ? Ce ne
« serait pas à l'hérédité considérée comme être moral,
« puisqu'elle n'est pas vacante. Il faut donc de deux
« choses l'une : ou dire que la propriété ne réside sur la
« tête de personne, ce qui se qui serait absurde, ou con-
« venir qu'elle réside sur la tête de l'héritier bénéficiaire. »
Pour donner plus de force encore à cet argument, on
ajoute que si l'héritier bénéficiaire recueille, lorsque les
dettes de la succession sont payées et les legs acquittés, le
reliquat de l'actif héréditaire, c'est en qualité d'héritier,
propriétaire de la masse des biens, composant la succession au jour où elle a été ouverte (3).

Nous ne méconnaissons nullement le droit de propriété de l'héritier bénéficiaire ou plus précisément nous

(1) Flandin : op. cit., n° 585.
(2) Repert., v° bénéf. d'invent., n° 25. Conclusions données, le
22 juillet 1812, à la section civile de la Cour de Cassation.
(3) Flandin : op. cit., n° 586.

reconnaissons que la propriété des biens héréditaires repose sur sa tête. Mais l'héritier n'est propriétaire qu'en sa qualité d'héritier bénéficiaire ; ce droit ne fait pas partie de son patrimoine personnel, dont l'actif n'est nullement augmenté. Si, au jour où la liquidation de la succession bénéficiaire est terminée, où tous les ayant-cause du défunt, créanciers ou légataires, sont désintéressés, le reliquat de l'actif héréditaire reste aux mains de l'héritier, si la séparation des patrimoines créée par le bénéfice d'inventaire cesse en fait, c'est que personne ne peut plus prétendre de droit du chef du défunt ; que dès lors l'héritier n'a plus intérêt à se prévaloir du bénéfice d'inventaire ; qu'il ne reste plus que la qualité d'héritier. Mais la situation n'est pas la même tant que des créanciers ou des légataires peuvent exercer leurs droits sur les biens de la succession ; car alors l'héritier se prévaut contre eux du bénéfice d'inventaire, qui est établi exclusivement dans son intérêt, pour lui permettre de liquider la succession bénéficiaire, sans compromettre ses intérêts ni s'engager personnellement. Cela est si vrai qu'il peut abandonner aux personnes intéressées le soin de faire cette liquidation et de réaliser l'actif héréditaire (art. 802, 1° C. civ.). Cet abandon est une véritable cession de biens (Conf. art. 1269) ; les créanciers en effet n'ont d'autre droit que de faire vendre les biens et de se payer jusqu'à due concurrence sur le prix. Aussi affirmons-nous de nouveau cette double personnalité juridique que nous avons signalée plus haut.

94. — Ceci admis, il nous sera facile de déduire la nécessité de la transcription du jugement d'adjudication prononcé au profit de l'héritier bénéficiaire. Que la vente de l'immeuble soit poursuivie par les créanciers héré-

ditaires qui ont saisi, ou qu'elle soit provoquée par l'héritier bénéficiaire lui-même, dans les formes prescrites par les articles 987 et suiv. (C. p. c.), notre solution ne saurait être modifiée. L'héritier bénéficiaire, qui se rend adjudicataire en son nom personnel, est véritablement un tiers à l'égard de la masse héréditaire ; l'adjudication transporte la propriété de l'immeuble mis en vente dans le patrimoine propre de l'héritier bénéficiaire. Comme adjudicataire, l'héritier est soumis aux mêmes obligations qu'un étranger ; s'il ne les exécute pas, on peut poursuivre contre lui la revente sur folle enchère. — Il ne pouvait en être autrement pour le paiement du prix, disent les adversaires de notre doctrine (1). Mais alors pourquoi serait-il de condition pire que tout autre acquéreur à titre onéreux ? S'il ne peut faire transcrire le jugement d'adjudication, il ne pourra repousser les actes même non transcrits émanés du défunt. Or les ayant-cause du défunt, qui ont négligé de faire transcrire leurs titres, ne sont-ils pas en faute à l'égard de l'héritier bénéficiaire, comme ils le seraient vis-à-vis d'un adjudicataire étranger ? Comme ce dernier, par le jugement d'adjudication, l'héritier obtient un droit de propriété opposable aux ayant-cause du défunt ; il n'est plus comptable envers la succession que d'une somme d'argent déterminée, laquelle il doit déléguer aux créanciers inscrits, ou consigner avec affectation spéciale aux charges de la succession (art. 807 C. civ.) Peu d'auteurs en effet refusent à l'héritier bénéficiaire le droit de purger l'immeuble à lui adjugé ; et lui reconnaître le droit de purger, c'est affirmer un droit de propriété opposable aux ayant-cause de son auteur. En

_______

(1) Flandin, n° 587.

sa qualité d'héritier bénéficiaire et comme représentant du défunt et administrateur des biens de la succession, l'héritier bénéficiaire ne pouvait remplir cette formalité de la purge et cependant il était propriétaire. Si, comme le prétendent les partisans de l'opinion contraire, le jugement d'adjudication ne faisait que confirmer cette propriété antérieure, comment l'héritier adjudicataire pourrait-il se soustraire aux charges inhérentes à ce droit de propriété ? Or la faculté de purger n'existe que lorsque l'immeuble est sorti du patrimoine du débiteur. Cette faculté reconnue suppose donc une interversion de droit et de qualité (1), un titre nouveau opposable aux ayant-cause du défunt, aux créanciers hypothécaires, qui ont conservé leurs droits par une inscription prise en temps utile. En effet la purge accomplie libérera l'immeuble adjugé de toutes les inscriptions prises du chef du *de cujus*, alors même que le prix serait insuffisant pour désintéresser tous les créanciers inscrits (2). N'est-il pas contradictoire d'admettre que ces hypothèques régulièrement inscrites disparaîtront, alors que des ayant-cause négligents du *de cujus* pourront toujours se prévaloir, à l'encontre de l'héritier adjudicataire, de droits réels par eux acquis, mais non transcrits, non opposables aux tiers ?

D'ailleurs si le jugement d'adjudication était simplement confirmatif, s'il ne donnait à l'héritier bénéficiaire aucun droit nouveau sur l'immeuble à lui adjugé, si le titre de propriété de l'adjudicataire était dans sa qualité

(1) Cas. Req., 27 Mai 1835. Dalloz. Rep., v°. Succession n° 2126, 2°.

(2) Labbé. Revue critique, VIII, 4 et 6.

d'héritier qui le dispense de transcrire et non dans le jugement d'adjudication (1), l'héritier bénéficiaire, toujours possesseur de l'immeuble de la succession, serait, comme représentant du défunt, dans l'impossibilité de purger ; il serait sans cesse exposé à de nouvelles poursuites, même de la part des créanciers chirographaires de la succession ; car on ne saurait admettre qu'il puisse se prévaloir, à l'encontre de ces derniers, du jugement d'adjudication, qui ne lui a donné aucun droit nouveau. L'adjudication n'aurait produit absolument aucun effet ; la valeur qu'elle aurait fixée, si l'adjudicataire eût été un tiers, ne pourra pas même être invoquée par l'héritier adjudicataire, puisqu'il ne peut pas opposer aux créanciers de la succession le jugement d'adjudication. Ainsi, pour être logique, il faudrait non-seulement admettre que l'héritier adjudicataire ne peut pas purger, mais encore qu'il ne peut pas utilement se rendre adjudicataire. Ces deux idées sont tellement corrélatives qu'on ne peut pas les séparer (2). Mais dire que le jugement d'adjudication peut être opposable aux créanciers chirographaires, comme ayant fixé la valeur de l'immeuble de la succession adjugé à l'héritier bénéficiaire, dire qu'il peut servir de base aux formalités de purge des hypothèques inscrites, c'est reconnaître un titre nouveau, translatif de propriété et dès lors un titre soumis à la transcription par application de l'article 1, 1° et 4° de la loi de 1855.

(1) Flandin : n° 583, op. cit. — Troplong : De la transcription, n° 102.

(2) Et cette opinion semble être celle de M. Valette. Conf. Une consultation reproduite dans le répertoire périodique de l'enregistrement de Garnier, n° 3546.

95. — Il est de jurisprudence constante de la Cour de Cassation que le jugement d'adjudication, prononcé au profit de l'héritier bénéficiaire, est un acte de nature a être transcrit, tombant par conséquent sous l'application de l'article 54 de la loi du 28 Avril 1816. L'administration de l'enregistrement est recevable à exiger le droit de transcription. La raison alléguée est que l'héritier bénéficiaire a intérêt à faire transcrire pour opérer la purge des hypothèques inscrites. Et cependant la plus part des arrêts de la Cour suprême (1) déclarent que ce jugement

(1) Cass. 12 Nov. 1823, 26 Octobre 1831, 15 Janvier 1834, 21 Janvier 1839, 12 Août 1839, 15 Avril 1840, 10 Mai 1841, 17 Janvier 1842, 16 Février 1842, 17 Novembre 1847, 10 Avril 1848, 26 Février 1862, 28 Juillet 1862, 20 Décembre 1869, 22 Juillet 1870. — Garnier, répertoire général de l'Enregistrement, n° 2153.— Répertoire périodique, n°s 1589, 1682, 3045 et 3177.— Malgré l'autorité de ces arrêts, le tribunal de la Seine a cru pouvoir décider que le droit de transcription n'était pas exigible (6 Août 1870). Sur le pourvoi de l'administration, la chambre civile de la Cour de cassation a annulé le jugement du tribunal civil de la Seine. Néanmoins le tribunal de Melun, devant lequel l'affaire avait été renvoyée, a adopté le sentiment des premiers juges et a statué dans le même sens que le tribunal de la Seine, le 22 Janvier 1874 (Garnier. — Répertoire périodique de l'enregistrement, n°s 3232, 3546, 3787.) Il faut remarquer que l'espèce en litige était différente de celle qui nous occupe et présentait des éléments de doute assez sérieux ; il s'agissait d'un jugement d'adjudication rendu sur licitation au profit d'un cohéritier, qui avait accepté la succession sous bénéfice d'inventaire seulement. Nous examinerons plus loin cette hypothèse. (Voir ci-dessous n° 138 et notes.) Mais nous pouvons cependant en faveur de notre système nous prévaloir, dans une certaine mesure, des attendus des jugements des tribunaux de la Seine et de Melun, lesquels affirment l'étroite corrélation existant entre la faculté de purger et la naissance d'un droit nouveau en la personne du tiers détenteur.

d'adjudication est purement confirmatif de la propriété de l'héritier bénéficiaire. Nous repoussons formellement cette théorie, qui aboutit forcément, nous croyons du moins l'avoir démontré, à une contradiction bizarre.

96. — Ce jugement, il est vrai, n'est pas soumis au droit proportionnel de mutation ; mais il faut se garder de conclure qu'il n'y a pas transfert de propriété et que dès lors la transcription ne peut être exigée. L'héritier, malgré le bénéfice d'inventaire, est tenu personnellement des droits de mutation. Il ne peut donc être soumis à l'obligation de les payer une deuxième fois; car, ainsi que l'a déclaré l'administration, dans des conclusions récemment posées par elle à la Cour de Cassation, « en droit.
« fiscal, une mutation n'existe et n'est soumise à l'impôt
« qu'autant que la propriété, qui en est l'objet, passe
« effectivement d'une tête sur une autre tête. Tout chan-
« gement, qui s'opère dans le titre et non dans la per-
« sonne du possesseur, échappe à l'impôt. C'est la
« conséquence des lois de la matière, qui ne tiennent
« compte que des réalités. En droit civil, au contraire,
« où la loi tient compte des abstractions juridiques, le
« changement de titre suffit pour faire un possesseur
« nouveau. Il suffit d'autant plus, dans l'espèce, que l'hé-
« ritier bénéficiaire, ayant le privilège d'avoir deux patri-
« moines parfaitement distincts, fait sortir du patrimoine
« du défunt pour incorporer à son propre patrimoine
« l'immeuble qui lui est adjugé.... (1). »

---

(1) Rép. périod. de l'enregistrement, n° 3546.—Conf. un rapport de M. P. Pont, conseiller à la Cour de cassation : « En droit com-
« mun, le changement du titre suffit pour faire un nouveau posses-
« seur et pour imposer à ce possesseur toutes les obligations

97. — Nous résumerons donc toute cette discussion en disant que l'héritier bénéficiaire, qui se rend adjudicataire d'un immeuble de la succession, acquiert une propriété nouvelle ; que la transcription du jugement s'impose donc, non pas seulement comme le préliminaire utile d'une purge, mais bien comme la condition essentielle du transfert de propriété à l'égard des tiers, par application de l'article 1, 1° et 4° de la loi de 1855 (1).

98. — Il nous reste à examiner l'utilité et les effets de la transcription de ce jugement.

99. — En ce qui concerne les hypothèques soumises à l'inscription et qui n'ont pas été inscrites avant l'ouverture de la succession, la transcription n'aura aucun effet. En matière de succession bénéficiaire, par dérogation aux principes de droit commun, aucune inscription ne peut être prise du chef du défunt, du jour de l'ouverture de la succession (Art. 2146, dern. alin., C. civil). On s'accorde généralement à voir là une erreur du législateur, qui assimile faussement la succession bénéficiaire à la faillite (2) ; les créanciers de la succession n'ont, il est vrai, d'autre gage que les biens du défunt; mais ils n'ont pas à redouter la fraude comme en matière de faillite ; et en outre le bénéfice d'inventaire est un bénéfice en faveur de l'héritier, alors que la déclaration de faillite doit profiter aux seuls créanciers. Quoiqu'il en soit, la loi est formelle ; la transcription sera donc inutile pour arrêter

« inhérentes à sa situation nouvelle, par conséquent pour rendre
« nécessaire la transcription.... » (Garnier: Répertoire périodique
de l'enregistrement, n° 3786.)

(1) Aubry et Rau: op. cit. § 209, texte et note 42. Demolombe: XV, 191 bis. Mourlon : op. cit., I, 83.

(2) Aubry et Rau : op. cit., § 272, texte et note 30.

le cours des inscriptions (Conf. art. 6. L. 1855). Mais son utilité apparaît, nous l'avons vu, si on la considère comme préliminaire de purge.

100. — D'autre part, les droits consentis par le défunt et dont la conservation est soumise à la publicité de la transcription, ne pourront pas être opposés à l'héritier adjudicataire, qui aura accompli cette formalité avant les ayant-cause héréditaires. Nous pouvons supposer une constitution de servitudes, d'usufruit, ou d'antichrèse non transcrite, ou même une aliénation consentie par le *de cujus*. Dans tous ces cas, l'héritier bénéficiaire aura intérêt à transcrire pour affirmer son nouveau titre de propriété.

101. — M. Mourlon (1) suppose une autre hypothèse qu'il qualifie lui-même de chimérique. Cependant il est curieux de voir à l'aide de quels arguments M. Flandin affirme que, dans ce cas, la transcription ne présenterait aucune utilité. Voici l'hypothèse : L'héritier bénéficiaire se rend adjudicataire d'un bien de la succession, puis abandonne aux créanciers et aux légataires le soin de liquider ladite succession. Si on suppose que, par ignorance ou par collusion, le curateur met de nouveau en vente ce bien, le second adjudicataire pourrait se prévaloir du défaut de transcription du jugement d'adjudication prononcé au profit de l'héritier bénéficiaire, s'il faisait transcrire le premier. M. Flandin (2) affirme que le deuxième adjudicataire aurait acquis *a non domino*, que la transcription ne pourrait dès lors lui conférer des droits que son vendeur n'avait pas. Or les créanciers,

---

(1) De la transcription, n° 83, *in fine*.
(2) Op. cit., n° 589

pas plus que le curateur, n'avaient « un droit, même « apparent, à transmettre au second adjudicataire, *puis-* « *que l'immeuble, au moment de la seconde adjudi-* « *dication, ne faisait plus partie des biens de la suc-* « *cession.* » — Comment affirmer plus nettement que l'héritier bénéficiaire, qui s'est rendu adjudicataire, ne détient plus l'immeuble à titre d'héritier !

102. — Cependant si, en qualité d'adjudicataire, l'héritier bénéficiaire peut se prévaloir de son droit de propriété et priver ainsi les ayant-cause négligents du défunt des droits consentis par ce dernier, nous devons reconnaître que comme héritier bénéficiaire, représentant la succession, il est responsable de l'éviction causée par l'adjudication. Il sera donc exposé à un recours de la part des évincés ; mais ce recours ne s'exercera que sur les biens de la succession et jusqu'à concurrence seulement de leur valeur, puisqu'il n'est pas tenu personnellement des obligations du *de cujus.* Ici encore nous retrouvons la preuve de l'opposition d'intérêts, qui peut surgir de la condition spéciale faite à l'héritier par l'acceptation bénéficiaire, opposition qui atteste la coexistence de deux personnalités juridiques conçues par le législateur.

## VI

### ADJUDICATION SUR SURENCHÈRE DU DIXIÈME AU PROFIT D'UN TIERS.

—

103. — La surenchère du dixième est la réquisition de mise aux enchères, ouverte à tous créanciers inscrits sur

l'immeuble aliéné volontairement par le propriétaire (1).
L'acquéreur de cet immeuble, qui veut purger les hypothèques inscrites du chef des précédents propriètaires,
fait aux créanciers, portés sur l'état délivré sur transcription par le conservateur des hypothèques, des notifications conformément aux articles 2184 et 2185 du Code
civil. Il met ainsi en demeure les créanciers ou d'accepter
la vente et de reconnaître que le prix en est sérieux, ou
de requérir une nouvelle vente. Dans ce dernier cas,
le surenchérisseur doit s'engager à porter à un dixième
en sus le prix de l'immeuble surenchéri. Cette soumis-
sion fixe le montant de la mise à prix, sur laquelle les
enchères seront ouvertes.

Nous examinerons plus loin le cas où l'acquéreur primitif, enchérissant l'immeuble, reste définitivement adjudicataire.

104. — Mais un étranger, soit le surenchérisseur, soit
toute autre personne, qui se rend adjudicataire , doit-il
faire transcrire le jugement d'adjudication? Quels seraient les créanciers qui pourraient se prévaloir du défaut
de transcription ?

105. — La nécessité de la transcription de cette adjudication ne saurait être mise en doute; il y a une translation
de propriété indéniable (2). Mais, l'adjudicataire est-il

---

(1) La purge des hypothèques inscrites peut être opérée, soit par
un acquéreur à titre onéreux, soit par un acquéreur à titre gratuit,
donataire ou même légataire.

(2) M. Troplong: des priviléges, n° 963, déclare que la transcription du jugement d'adjudication sur surenchère, ne doit pas avoir
lieu, malgré la résolution du contrat primitif. — Mais le traité des
priviléges a été publié en 1854, à une époque où la transcription
n'avait d'utilité que comme préliminaire de la purge. Et la purge
ne pouvait avoir lieu après la surenchère. N° 965.

l'ayant-cause de l'acquéreur surenchéri ? ou au contraire le contrat d'acquisition disparaît-il complètement par le fait de l'adjudication et le débiteur hypothécaire doit-il être considéré comme l'auteur de l'adjudicataire ? L'intérêt de la question est tout entier dans les conséquences si différentes de chacun de ces systèmes. Et pour signaler, dès à présent, la conséquence principale, du moins au point de vue de la transcription, nous ferons remarquer que, dans la première opinion, celle qui admet une double transmission de propriété, les ayant-cause de l'acquéreur dépossédé pourraient opposer à l'adjudicataire le défaut de transcription deson titre,tandis que, si on ne voit dans l'adjudication sur surenchère qu'une résolution du contrat, les seuls ayant-cause de l'aliénateur pourront se prévaloir de ce défaut de transcription.

106. — Nous croyons que l'adjudication sur surenchère opère une véritable résolution du contrat, et par conséquent le fait disparaître rétroactivement. Et pour l'établir, nous n'avons qu'à rechercher le sens véritable et le but de l'article 2188 (Code civil) aux termes duquel « l'adju-
« dicataire est tenu au-delà de son prix d'adjudication
« de restituer à l'acquéreur ou au donataire dépossédé
« les frais et loyaux coûts de son contrat, ceux de la
« transcription sur les registres du conservateur, ceux
« de notification et ceux faits par lui pour parvenir à la
« revente. » Or, la pensée du législateur, en imposant ces charges à l'adjudicataire sur surenchère, a été de rendre complétement indemne l'acquéreur dépossédé. Comment expliquer le souci du législateur pour les intérêts de cet acquéreur ? Ce dernier a bien certainement contracté en connaissance de cause ; il n'a pas été surpris du chiffre des charges hypothécaires, qui grevaient l'immeuble par

lui acquis. Et d'ailleurs, n'a-t-il pas le recours ordinaire en garantie dans le cas où l'aliénation est à titre onéreux? (art. 1526 et suiv. et spécialement art. 1630 du Code civil).

107. — Les auteurs, qui soutiennent le système contraire, répondent que « la surenchère, supposant néces- « sairement une première transmission de propriété, les « frais que cette transmission a occasionnés sont à consi- « dérer comme inhérents au mode spécial d'acquisition « sur surenchère et doivent par conséquent rester à la « charge de l'adjudicataire, en vertu même de l'article « 1593 (C. civ.) (1). » — Mais si la première transmission de propriété subsiste, elle subsiste avec toutes ses charges ; pourquoi dès lors imposer à l'adjudicataire le paiement des frais et loyaux coûts du contrat, etc? Si l'adjudication sur surenchère était une éviction d'une nature particulière, analogue à celle qui, à défaut de purge, résulterait de l'expropriation poursuivie contre l'acquéreur ou contre le curateur au délaissement, pourquoi faire supporter à l'adjudicataire sur surenchère les frais de la première transmission de propriété? N'est-ce pas aller contre tous les principes, en matière d'éviction et de garantie (comp. art. 1630, 4°, C. civ.)? Mettre ces frais à la charge de l'adjudicataire, parce *qu'ils sont inhérents au mode spécial d'acquisition sur surenchère,* et par application de l'article 1593 du Code civil, n'est-ce pas reconnaître que la transmission de propriété opérée par l'adjudication se confond avec celle résultant du contrat? Poser ces questions, c'est résoudre la difficulté dans

(1) Aub. et Rau : op. cit. § 294 n° 115. Comp. Flandin : op. cit. n° 574.

le sens que nous indiquons plus haut. D'ailleurs pour affirmer qu'il y a une double transmission de propriété, les auteurs, cités plus haut, invoquent l'analogie qui existe entre l'adjudication sur surenchère et l'adjudication sur saisie, poursuivie contre le tiers détenteur ou contre le curateur à l'immeuble délaissé. Nous nous réservons de montrer que cette prétendue analogie n'existe pas. En tous cas, sur le seul point qui est en discussion ici, les frais de la première transmission de propriété, la différence des effets produits par ces deux procédures est absolue, l'adjudicataire sur saisie ne supportera jamais ces frais. A quoi attribuer cette différence, le remboursement assuré d'une façon absolue par une caution, dans un cas, alors que, dans l'autre, l'acquéreur évincé court les risques de l'insolvabilité de son auteur, sinon parce que l'adjudication sur surenchère doit faire disparaître le contrat et tous ses effets et ne peut préjudicier au tiers détenteur ?

108. — La jurisprudence admet, d'une façon constante, cette résolution, cet anéantissement du droit acquis par le tiers détenteur. Et cependant elle reconnait à ce dernier un recours en garantie contre son vendeur (1). De là nouvelle objection contre la solution donnée plus haut. Comment expliquer que le contrat de vente soit résolu, soit réputé n'avoir jamais existé et que cependant il donne naissance à une action en garantie ? — Le contrat

_______

(1) Il est nécessaire de supposer un contrat à titre onéreux. — Chauveau : op. cit. Q. 2500 quinquies et les nombreux arrêts cités par cet auteur. Bioche : Dict. de procédure V° Surenchère. 239. Cas, 10 avril 1848, Dalloz, 48. 1. 160. Rennes, 9 octobre 1861. Cas. Req., 15 octobre 1862, Dalloz, 63. 1. 161. Cas. 19 avril 1865. Dalloz, 65. 1. 208.

de vente est effectivement résolu, même à l'égard du vendeur ; mais il n'en a pas moins existé ; il y a là un fait du
vendeur qui, payant ses créanciers hypothécaires, pouvait écarter la surenchère, et si ce fait a causé un dommage
quelconque à l'acquéreur dépossédé, il est dû réparation
à ce dernier (art. 1382 C. civ.) Donc aucune contradiction
dans ce recours : la transmission de propriété opérée a
été résolue retroactivement ; mais, du jour du contrat,
l'acheteur avait des droits acquis à l'encontre du vendeur : il pouvait prétendre à la plus-value éventuelle de
l'immeuble. Au reste ce recours sera exercé fort rarement ;
il faudrait supposer que l'immeuble surenchéri a acquis,
dans un laps de temps très-court, une plus-value certaine.
Les autres causes de recours sont en effet beaucoup
moins probables. D'abord les frais du contrat seront
remboursés par l'adjudicataire. Puis on ne peut guère
admettre que l'acheteur, connaissant les charges hypothécaires, ait conservé l'immeuble pendant plus ou moins de
temps sans recourir aux formalités de purge et ait préféré
courir les risques d'une éviction, plus dangereuse qu'une
surenchère ; qu'il ait fait des dépenses utiles ou nécessaires pendant ce temps ; encore a-t-il la faculté de
réclamer le montant de ces impenses, sur le prix d'adjudication, soit en insérant un dire au cahier d'enchères,
avant ou au moment même de l'adjudication, soit en se
faisant colloquer par privilége dans l'ordre ouvert sur le
prix d'adjudication (1).

(1) La Cour de Toulouse, par arrêt du 30 Mai 1873 (Dalloz, 74.
2, 89), affirme même que ces dépenses ou le montant de la plus-
value en résultant, ne pourront être réclamés que du seul adjudicataire sur surenchère. C'est aller trop loin. Il est certain qu'en
mettant ce paiement à la charge de l'adjudicataire, il sera supporté

Faut-il reconnaître à l'acquéreur dépossédé un recours contre le vendeur pour un chiffre de dommages-intérêts, qui serait fixé par la différence entre la valeur portée aux notifications et le chiffre de l'adjudication sur surenchère ? Nous ne le croyons pas. La valeur portée aux notifications et offerte aux créanciers inscrits par l'acquéreur était, aux yeux de ce dernier, la valeur véritable de l'immeuble par lui acquis ; car, de deux choses l'une, ou il croyait avoir fait une acquisition avantageuse, moyennant un prix relativement faible, et alors il ne peut se plaindre de son vendeur : il n'y a pas là de fait préjudiciable ; ou il a acquis l'immeuble pour un prix élevé, du moins à son gré, et le fait de la surenchère ne peut l'autoriser à prétendre qu'il a subi un dommage. Sous ce rapport, nous estimons que l'acquéreur à titre onéreux, dépossédé par une surenchère, est dans une condition identique à celle du donataire, qui aurait purgé l'immeuble, objet de la donation. La valeur estimative fixée par le donataire, n'ayant point paru suffisante aux créanciers inscrits, a motivé une surenchère. Le donataire peut-il se prétendre lésé du montant de la surenchère ? Le prix,

par les créanciers inscrits, puisque cette somme constituera, aux yeux de l'adjudicataire, une partie de son prix d'adjudication et arrêtera les enchères. Mais l'acquéreur dépossédé peut aussi invoquer le privilège de l'article 2102, 3°, accordé pour le remboursement des frais faits pour la conservation de la chose et se faire colloquer dans l'ordre, de ce chef. Toutefois, s'il n'a pas pris part à cet ordre, il est fondé à dire à son vendeur : « J'ai payé de mes deniers vos créanciers personnels, jusqu'à concurrence de la plus-value de l'immeuble surenchéri, plus-value résultant de travaux exécutés par moi. J'ai fait votre affaire ; remboursez-moi cette somme. » Il a rempli le rôle d'un *negotiorum gestor* et peut en invoquer le recours.

débattu par les parties et fixé par le contrat, est une véritable estimation acceptée par l'acquéreur. C'est à tort
que l'on invoque l'article 2191 du Code civil, qui ne doit
s'appliquer qu'au cas particulier où l'adjudicataire est
l'acquéreur primitif à titre onéreux ; alors, et dans ce cas
seulement, il y a dommage certain, qui se chiffre par la
différence des prix (1).

Ainsi le recours que l'acquéreur dépossédé exercera
très-rarement contre son vendeur, ne saurait être considéré comme une preuve de la survivance du contrat.

109. — Si, nous plaçant à un autre point de vue, nous
considérons le but de la purge des hypothèques, nous
serons encore amenés à conclure que l'acquéreur dépossédé est réputé n'avoir jamais été propriétaire de
l'immeuble adjugé sur surenchère. La purge en effet tend
à libérer entièrement l'immeuble aliéné de toutes les
charges hypothécaires, moyennant le paiement aux
créanciers inscrits du prix de la vente ou d'une valeur
estimativement fixée. L'acquéreur met, par les notifications afin de purge, les créanciers inscrits en demeure de
ratifier le contrat intervenu entre lui et le précédent propriétaire. Or, ceux-ci, requérant la mise aux enchères de
l'immeuble aliéné, déclarent formellement ne pas accep-
les conventions consenties (2). MM. Aubry et Rau (3)
contestent cette explication et prétendent que « l'exer-
« cice de la surenchère est simplement un refus des

______

(1) En ce sens, Carré. En sens contraire, Chauveau : Lois de la
procédure, n° 2500, 9°. Bioche : op. cit., v°. Surenchère, 241.

(2) Troplong : privil. et hypoth., n°ˢ 962 et 971. Bioche : op. cit.
v° surenchère, n° 241. — Cass., 12 novembre 1834. Dalloz : 35. 1.
23, Bordeaux, 27 février 1829, Dalloz 29. 2. 271.

(3) Op. cit., § 294 n° 109.

« créanciers de dégager l'acquéreur, au prix par lui
« offert, de l'obligation réelle à laquelle il se trouve
« soumis et que dès lors ces créanciers reprennent, sous
« la condition de porter le prix à un dixième en sus, le
« droit de faire vendre l'immeuble sur lui, comme ils au-
« raient pu le faire, s'il n'avait pas purgé. » — Mais le
tiers détenteur, qui laisse saisir sur lui-même ou qui délaisse l'immeuble hypothéqué fait acte de propriétaire et
s'est considéré comme tel jusqu'alors ; malgré les inscriptions que lui a révélées l'état sur transcription, il a accepté
dès ce moment l'immeuble avec toutes ses charges. Lors,
au contraire, qu'il procède à la purge des hypothèques, il
affirme ne vouloir que d'une propriété complétement
libérée ; il n'accepte cette propriété que sous condition.
Ce prétendu refus de dégager l'acquéreur de ses obligations réelles est, de la part des créanciers, le contredit le
plus formel de la transmission de propriété intervenue
entre l'acquéreur et leur débiteur. Suivant eux, l'immeuble n'a pu être aliéné pour la valeur indiquée dans
les notifications ; ils ne veulent pas renoncer à leurs
hypothèques dans ces conditions ; ils recommencent en
quelque sorte la vente. Or affirmer qu'il n'existe aucune
différence rationnelle entre cette hypothèse et celle d'une
saisie nous semble une assertion fort hasardée.

110. — L'argument le plus sérieux peut-être, qu'on
ait opposé au système que nous adoptons, est qu'il y
aurait une bizarrerie inexplicable à considérer le tiers
détenteur, qui, en offrant son prix aux créanciers inscrits,
a usé d'un moyen que la loi lui donnait pour éviter
l'éviction dont il était menacé, comme étant dans une
situation différente de celle du tiers détenteur, qui aurait
délaissé ou qui aurait laissé saisir sur lui-même l'im-

meuble hypothéqué. Car, dit-on, l'éviction résultant de l'adjudication sur surenchère, comme celle naissant de l'adjudication sur la saisie poursuivie, soit contre le tiers détenteur lui-même, soit contre le curateur au délaissement, procède du droit hypothécaire du créancier et non pas d'une cause inhérente au contrat d'aliénation de l'immeuble hypothéqué. Comment trouver alors entre les deux hypothèses un élément rationnel, pour fonder la différence que l'on affirme ?

Cette assimilation entre l'adjudication sur saisie, pratiquée par les créanciers inscrits du chef de précédents propriétaires , soit contre le tiers détenteur lui-même, soit contre le curateur au délaissement , et l'adjudication sur surenchère, est la base même du système de nos adversaires. De la même cause, ils concluent aux mêmes effets, sans tenir compte des circonstances et des formes de la procédure suivie, et affirment en conséquence que l'adjudication sur surenchère ne fait pas disparaître la première transmission de propriété (1).

Incontestablement le créancier hypothécaire inscrit peut seul surenchérir, comme seul il peut poursuivre la vente contre le tiers détenteur. Mais lorsqu'il agit en vertu de son droit de suite, lorsqu'il poursuit la saisie d'un immeuble hypothéqué, soit contre le tiers détenteur, soit contre le curateur au délaissement, il n'a aucune des charges qui lui sont imposées dans le cas de surenchère ; la mise à prix sur laquelle l'immeuble sera vendu n'est pas fixée au chiffre élevé, qui résulte de la surenchère du dixième ; il n'est pas soumis à l'obligation de donner cau-

(1) Flandin : op. cit. 572. Aubry et Rau : loc. cit. Chauveau : loc. cit. etc.

tion, ni pour la mise à prix ainsi fixée, ni pour les charges ; les frais du contrat translatif de la propriété au tiers détenteur ne sont pas non plus une charge imposée à l'avance à l'adjudicataire. Or ne pouvons-nous conclure, de ces différences entre les deux procédures, que la surenchère n'est pas seulement l'exercice du droit de suite ? Il est donc faux de se placer exclusivement au point de vue des droits des créanciers hypothécaires, pour conclure à l'analogie entre deux adjudications, qui se produisent dans des conditions si différentes. La situation du tiers détenteur doit être aussi prise en considération. Nous avons signalé plus haut les effets contraires de ces deux adjudications. Le tiers détenteur, dépossédé par l'adjudication sur surenchère, ne supportera jamais aucune perte, en ce sens que le recouvrement de toutes les sommes, par lui déboursées, lui est assuré par la loi ; le seul préjudice, dont il pourrait se plaindre, serait la non réalisation d'un bénéfice, auquel il pouvait prétendre. Dans le cas de poursuites sur saisie au contraire, le tiers détenteur dépossédé courra toujours les risques de l'insolvabilité de son auteur, contre lequel seul il pourra recourir en garantie (Art. 1630 C. civ.). Quel peut être le fondement rationnel de cette différence de situation, sinon la fiction légale qui, dans le cas de surenchère, fait considérer l'acquéreur dépossédé comme n'ayant jamais été propriétaire, alors que, dans le cas de saisie de l'immeuble hypothéqué, le tiers détenteur reste l'auteur véritable de l'adjudicataire ?

Ajoutons encore, pour affermir l'interprétation que nous donnons, que, dans le cas de saisie poursuivie contre le tiers détenteur ou contre le curateur au délaissement, les créanciers hypothécaires personnels de l'ayant-cause

seront parties à la poursuite, car ils auront reçu la sommation prescrite par l'article 692 du Code de procédure
civile, et dès lors la purge de ces hypothèques par l'adjudication est la conséquence logique de l'accomplissement
de ces formalités (art. 717. C. p. c.) ; qu'aux termes de
l'article 838, dernier alinéa (C. p. c.), il faut appliquer, en
matière de surenchère sur aliénation volontaire, l'article
717 et reconnaître en conséquence que l'adjudication sur
surenchère du dixième purge les hypothèques inscrites ;
que le même article 838 déclare que la purge des hypothèques légales ne peut être faite que si elle n'a pas
encore eu lieu. Or cet effet de l'adjudication sur surenchère s'explique très-bien à l'égard des créanciers inscrits du chef des précédents propriétaires : par les notifications faites à la requête de l'acquéreur, ils ont été
prévenus ; mais, d'après le système admis par nos adversaires, les créanciers personnels de l'acquéreur seront
dépouillés de tout droit, sans avoir été mis en cause,
sans avoir pu intervenir à la vente sur surenchère, ni
sauvegarder leurs intérêts, en assurant, par leurs enchères,
la plus haute valeur de l'immeuble. Et ils ne pourront
former une nouvelle surenchère, même dans le cas où ils
se prétendraient lésés. Il en sera de même, à plus forte
raison, pour les créanciers à hypothèques légales. Si la
purge a précédé les notifications, (et c'est l'hypothèse
normale,) ils seront irrévocablement dépouillés de leurs
droits sur l'immeuble. Or il est essentiellement contraire
à tous les principes que la purge soit des hypothèques
inscrites, soit des hypothèques légales, se produise à
l'insu des créanciers. On ne saurait les accuser de négligence, car, par hypothèse, ils ont rempli les
formalités exigées par la loi pour conserver leurs hypo-

thèques, ils ont pris inscription ; ou bien ils n'étaient soumis à aucune formalité. Dans tous les cas, la loi leur assurait la conservation de leurs droits. Nous ne saurions donc admettre une telle dérogation au droit commun, sans une disposition expressément formulée par le législateur. Donc, du silence du Code, nous concluons que le législateur n'a en rien modifié les règles de la purge légale, et que s'il a déclaré l'article 717 applicable au cas d'adjudication sur surenchère, c'est à raison de la résolution absolue du contrat de l'acquéreur dépossédé. Et on ne peut nous objecter que ces créanciers pouvaient connaître les charges, qui grevaient l'immeuble du chef du précédent propriétaire ; car nous demanderions pourquoi ils seraient dans une situation différente, selon que l'immeuble est vendu sur saisie ou sur surenchère.

111. — Ainsi nous admettons que le jugement d'adjudication sur surenchère résout rétroactivement le contrat d'aliénation ; que, par suite, il n'y a qu'une seule transmission de propriété ; que l'adjudicataire est l'ayant-cause du débiteur hypothécaire, contre lequel il pourra recourir en garantie (1).

112. — Les conséquences de ce système sont fort importantes. Tout d'abord, en cas de non transcription du jugement d'adjudication, les ayant-cause seuls du propropriétaire, qui a aliéné, pourront se prévaloir de cette omission. La transcription aura encore une grande utilité, bien que le jugement d'adjudication ait purgé les hypothèques inscrites. Car elle n'a pas seulement pour but d'arrêter les inscriptions des privilèges et hypothè-

(1) Mourlon : De la transcription n° 85. Pont : Priviléges et hypothèques, 1395. Troplong : De la transcription n° 101, *a contrario.*

ques (art 6. L. 1855) (1), mais aussi d'empêcher la conservation de certains droits, opposables à l'acquéreur qui n'a pas fait transcrire (Art. 3. Même loi).

Mais en même temps que la transcription, ne devonsnous pas exiger la mention du jugement d'adjudication, en marge de la transcription de l'aliénation résolue, par application de l'article 4 de la loi de 1855 ? Cet article, en prescrivant cette mention a pour but de prévenir les tiers, dont la bonne foi pourrait être surprise, si cette indication n'existait pas. L'omission de cette formalité rend passible d'une amende de cent francs l'avoué, qui, ayant obtenu le jugement opérant résolution, n'a pas fait faire cette mention dans le mois de l'obtention du jugement. Cette sanction peut ne pas sembler suffisante au premier abord, puisque les tiers qui auraient contracté avec l'acquéreur dépossédé, ne pourraient se prévaloir du défaut de cette mention, à l'égard de l'adjudicataire et de ses ayantcause. Mais indépendamment de la peine édictée par la loi, l'avoué pourra être actionné en dommages-intérêts par les tiers lésés, qui auront aussi un recours analogue contre leur auteur.

(1) Cet effet de la transcription se produira néanmoins ; car par suite de la résolution de la première aliénation, la transcription, opérée par l'acquéreur dépossédé, ne saurait faire obstacle à l'inscription de nouvelles hypothèques du chef du vendeur primitif. L'adjudication opère, par elle-même et sans autre formalité, la résolution rétroactive du contrat ; l'adjudicataire sur surenchère est donc dans la même situation que l'adjudicataire sur saisie, qui n'a pas fait transcrire le jugement. La transcription est nécessaire, pour qu'il puisse se prévaloir, à l'encontre de ces créanciers tardivement inscrits, de la purge opérée par ledit jugement. (Tribunal de Bourgoing, 10 avril 1829. C. Grenoble, 8 juillet 1830. C. Cass., 12 novembre 1834. Dalloz : Rep., v° priviléges et hypothèques, n° 2366.

Or, dans notre hypothèse, la transcription du jugement d'adjudication ne pourrait suffire à prévenir les tiers, ayant-cause de l'acquéreur dépossédé, de la résolution opérée, à raison de la manière dont les registres de transcription sont tenus ; ils ne seront avertis que par la mention dont nous nous occupons. Le jugement d'adjudication sur surenchère opère tout à la fois résolution du premier contrat et transfert de la propriété au profit de l'adjudicataire ; à chacun de ces effets correspond une formalité spéciale (art. 1 et 4 de la loi de 1855). L'avoué, en omettant de requérir cette mention, commettra une faute, fort préjudiciable dans certains cas aux ayant-cause de l'acquéreur dépossédé, et pourra être déclaré responsable des suites de cette faute à leur égard (1).

113. — Les autres conséquences de ce système sont :

Qu'il n'est dû qu'un droit de mutation (2).

Que les droits réels par lui consentis sur l'immeuble, au cours de sa possession, sont résolus retroactivement. *Resoluto jure dantis, resolvitur jus accipientis.*

Que par suite, si le prix de l'adjudication sur surenchère est supérieur au chiffre total des créances inscrites, le

______

(1) Mourlon: op. cit., n^os 539, 551.

(2) Sinon l'adjudicataire qui rembourse à l'acquéreur dépossédé les frais et loyaux coûts du contrat, paierait deux droits de mutation pour la transmission de propriété dont s'agit; ce qui est inadmissible. — Délibération du Conseil d'administration de l'enregistrement du 18 octobre 1823, journal de l'Enregist., n° 7731. — Délibération du 28 août 1820, journal de l'Enregist., n° 9403. Garnier: Répertoire d'enregistrement, v° adjudication n° 1236. Championnière et Rigault, III, 2154.

surplus appartiendra au vendeur primitif et sera le gage
de ses créanciers chirographaires, et non pas à l'acquéreur surenchéri ou à ses ayant-cause (1).

(1) Les auteurs, qui contredisent le système que nous avons
admis, déclarent inacceptable cette conséquence ; car, disent-ils,
« il dépendra de l'acquéreur en recourant à la purge ou en se lais-
« sant exproprier, de faire évanouir ou de rendre efficaces les
« hypothèques qu'il aurait consenties. On ferait ainsi tourner
« contre ces créanciers hypothécaires l'exercice d'une faculté, qui
« devait précisément avoir pour effet de consolider leur droit »
(Aubry et Rau : op. cit., § 294, n. 111.) Remarquons d'abord combien est peu vraisemblable cette hypothèse. Le crédit, dont jouira
l'acquéreur, qui n'a pas purgé, sera à peu près nul ; en outre si le
prix d'acquisition est supérieur au montant des créances hypothécaires préexistantes, il sera accepté et aucune surenchère ne sera
formée ; s'il est inférieur, il est encore plus invraisemblable que
l'acquéreur, ait eu occasion de constituer une hypothèque conven-
tionnelle. Quoi qu'il en soit, il est faux de prétendre que la purge
soit une faculté exercée en faveur des créanciers de l'acquéreur ;
elle est donnée à ce dernier seulement dans son intérêt personnel.
Or à quel titre prétendrait-il au surplus du prix de l'adjudication
sur surenchère ? En qualité de propriétaire ? Mais pourquoi re-
cueillerait-il une portion du prix de vente, lui qui n'a rien payé ;
il deviendrait comptable de cette somme envers son auteur, aux
dépens duquel il se serait enrichi. Serait-ce à raison du dommage
causé par la résolution? Mais, de ce chef, il est simplement créancier chirographaire de son vendeur, et à ce titre il doit subir le
concours des autres créanciers chirographaires, sans pouvoir prétendre un droit spécial, exclusif, sur le reliquat du prix d'adjudication ; car il affirmerait ainsi l'existence d'un privilége à son profit,
privilége qui n'est écrit nulle part. Or reconnaître aux créanciers
hypothécaires personnels de l'acquéreur dépossédé des droits sur
ce reliquat, n'est-ce pas leur attribuer sur l'immeuble plus de droit
qu'à leur auteur? On ne peut donc conclure a fortiori de la solution donnée pour le cas d'expropriation et de délaissement, que
l'art. 2177, alinéa 2, doit s'appliquer au cas d'adjudication sur suren-

Que l'acquéreur dépossédé doit restituer les fruits par lui perçus depuis le jour où il est entré en possession de l'immeuble, jusqu'au jour de l'adjudication (2).

chère. On ne peut davantage suppléer au silence du Code à ce sujet, en alléguant l'inattention du législateur, ou même en présumant qu'il a considéré comme essentiellement naturelle et logique l'application de l'art. 2177 à notre espèce. Rien dans les travaux préparatoires ne fonde cette présomption. Quant à l'accusation d'inattention, elle est formulée bien à la légère, à notre avis, à propos d'une hypothèse, qui ne se présentera que fort rarement. L'article 2179 ne suffit-il pas pour indiquer que les règles, formulées dans le chapitre VI, sont spéciales au cas de poursuites de saisie contre le tiers détenteur ou le curateur au délaissement ?

De ce que nous admettons que les servitudes et les droits réels, que le tiers détenteur avait sur l'immeuble avant sa possession, renaissent après l'adjudication, nous ne pouvons être amenés logiquement à conclure à l'application du 2ᵉ alinéa de l'article 2177. La conséquence que nous admettons est de droit commun (art. 1183, C. civ.), alors que, dans le système opposé, le premier alinéa de l'article 2177 semble la contradiction la plus absolue du second.

M. Troplong tombe dans une singulière contradiction : il admet la résolution rétroactive du contrat primitif par l'adjudication sur surenchère, et cependant il accorde à l'acquéreur dépossédé le droit de prendre le reliquat du prix d'adjudication, après paiement des hypothèques inscrites (priviléges et hypothèques, nᵒ 972), « car, dit-il, la surenchère est en faveur des créanciers hypothé- » caires, mais ne peut profiter au vendeur. » C'est dire que le contrat est résolu à l'égard des seuls créanciers hypothécaires et subsiste à l'égard de tous autres. Mais cette distinction, sans fondement juridique, ne présente d'ailleurs aucun intérêt, et M. Troplong ne la formule même pas (Opr., nᵒ 963). — En notre sens, Cass., 28 mars 1843. Dalloz, 43. 1. 195. Rennes, 9 décembre 1861, et Cass. Req., 15 décembre 1862. Dalloz, 63. 1. 162.

(2) Cass., 10 avril 1848 : Dalloz 48. 1. 160. Cependant un arrêt de la même Cour du 19 avril 1865 (Dalloz 65. 1. 208) décide que l'acquéreur dépossédé conserve les fruits, non comme propriétaire,

Que les servitudes et droits réels appartenant, avant son acquisition, à l'acquéreur dépossédé, renaissent après l'adjudication sur surenchère.

114. — Examinons en terminant une distinction, séduisante au premier abord, formulée par M. Mourlon (1). Suivant cet auteur, l'adjudication sur surenchère opérerait incontestablement la résolution du contrat d'aliénation. Cependant, au cas où il y aurait sur le montant de l'adjudication un reliquat non absorbé par les créanciers inscrits du chef du précédent propriétaire, l'acquéreur dépossédé pourrait se prévaloir de la transmission de propriété opérée à son profit, pour toucher la partie du prix non absorbée. Il lui suffirait de renoncer au bénéfice introduit en sa faveur par l'article 2188 (C. civ.). Ce qui revient à dire que, suivant son intérêt, l'acquéreur dépossédé pourra considérer tantôt comme résolu, et tantôt comme ne l'étant pas, le contrat d'aliénation, qui a servi de base à la surenchère. Ne serait-ce pas ainsi concilier tous les intérêts que le législateur a voulu protéger et faire disparaître toutes difficultés? — Nous ne le croyons pas. L'acquéreur en vertu d'une aliénation volontaire a le choix entre deux partis : ou bien se considérer comme propriétaire, sous les charges hypothécaires préexistantes

mais comme possesseur de bonne foi ; que dès lors il doit les intérêts comme conséquence logique de cette possession. Nous ne croyons pas exact ce raisonnement, car le possesseur de bonne foi, qui fait les fruits siens, ne saurait être tenu d'une compensation quelconque, ce serait lui retirer d'un côté ce qu'on lui reconnaîtrait de l'autre. L'acquéreur dépossédé pouvait-il d'ailleurs être complètement assimilé à un possesseur de bonne foi? Il possédait sous condition résolutoire ; il n'a pu acquérir les fruits que sous la même condition ; or cette condition réalisée, il doit les restituer.

(1) Op. cit., n° 85.

du chef de son auteur, et alors il bénéficiera de la condition de propriétaire ; ou bien faire la purge de ces hypothèques, et n'accepter la propriété que dégrevée complétement de toutes charges. Si les créanciers inscrits n'acceptent pas le prix offert, et qu'il y ait adjudication sur surenchère, la propriété sera résolue rétroactivement à son égard, suivant l'opinion que nous avons admise. Mais dès qu'il a pris l'un ou l'autre de ces partis, il ne peut échapper à leurs effets. La procédure de surenchère est indiquée d'une manière formelle dans le Code civil et dans le Code de procédure. Dans le silence de la loi, et en dehors des formalités prescrites, il est inadmissible d'accorder le droit d'option à l'acquéreur dépossédé ; sinon on se lance dans l'arbitraire ; on fait une loi nouvelle.

## VII

### ADJUDICATION SUR DÉLAISSEMENT AU PROFIT D'UN TIERS.

—

115. — Le tiers détenteur d'un immeuble hypothéqué n'est pas contraint de purger les hypothèques. Il peut attendre les poursuites des créanciers inscrits et laisser opérer la saisie de l'immeuble ou délaisser. Nous ne nous occupons ici que de l'hypothèse où un étranger s'est rendu adjudicataire. Les solutions, que nous avons données en examinant les effets de l'expropriation forcée poursuivie contre le débiteur principal, s'appliqueront également au cas d'adjudication sur saisie poursuivie contre le tiers détenteur. Celui-ci sera réputé l'auteur.

de l'adjudicataire. Le jugement opérant un transfert de propriété, sera soumis à la transcription, laquelle produira un double effet, soit relativement à la purge des hypothèques (soumises ou non à l'inscription), soit relativement aux aliénations de l'immeuble qui n'auraient pas été elles-mêmes transcrites.

116. — L'adjudication sur délaissement opère aussi mutation de propriété et incontestablement est soumise à la transcription. Mais ici nous devons nous poser une question analogue à celle que nous avons examinée en matière d'adjudication sur surenchère : Quelles personnes pourront opposer le défaut de transcription ? Les ayant-cause du délaissant pourront-ils se prévaloir de cette omission ? La raison de douter résulte des dispositions contradictoires de l'article 2177 (C. civ.). Cet article, en effet, dispose, d'une part (1er alinéa), que les servitudes et droits réels, que le tiers détenteur avait sur l'immeuble avant sa possession, renaissent après le délaissement ou après l'adjudication faite sur lui. Ainsi la confusion, opérée par la propriété qu'il avait acquise, disparaît ; donc la propriété elle-même a dû être anéantie : *sublatâ causâ, tollitur effectus*. Cette conclusion semble d'une logique rigoureuse. Mais le deuxième alinéa de cet article attribue expressément aux créanciers personnels du tiers détenteur le droit d'exercer leur hypothèque à leur rang sur le bien délaissé. Donc la propriété du tiers détenteur continue de subsister dans le passé ; elle passe de sa tête sur celle de l'adjudicaire. Ces deux dispositions supposent des effets contraires, produits par l'adjudication ; l'une des deux doit être considérée comme une exception au droit commun. Cependant il n'est plus douteux aujourd'hui que le tiers détenteur qui a délaissé soit consi-

déré comme le véritable auteur de l'adjudicataire. Le délaissement ne le dépouille pas de la propriété, qui continue à résider sur sa tête jusqu'au jour de l'adjudication (1). Il lui évite simplement les ennuis d'une procédure de poursuite immobilière. Le tiers détenteur jouit de ce bénéfice à raison même de la manière dont il est tenu de la dette, qui ne lui est pas personnelle. Ceci admis, nous expliquerons facilement la disposition de l'article 2177, deuxième alinéa. Comme propriétaire, le tiers détenteur a droit à la partie du prix, qui ne serait pas absorbée par les créanciers hypothécaires du vendeur. Par conséquent ses ayant-cause, les créanciers hypothécaires inscrits de son chef, exerceront leurs droits à leur rang sur ce reliquat (2).

Quelles considérations dès lors ont amené le législateur

---

(1) V. ci-dessous, n^os 132 et suiv.

(2) M. Mourlon (op. cit., n° 83, p. 234. note 37,) affirme même que, sur la sommation de payer ou de délaisser, le tiers détenteur est fondé à demander contre son vendeur la résolution de son contrat. Mais nous ne croyons pas cette demande recevable, car l'acquéreur connaissait les charges hypothécaires qui grevaient l'immeuble vendu. Or, il ne devait pas payer son prix d'acquisition entre les mains du vendeur ; il devait recourir à la purge, qui est le moyen légal de faire valoir cette condition résolutoire résultant de la non libération de l'immeuble. (Aubry et Rau: op. cit., § 287, 1°, texte et note 14, et § 294.) D'ailleurs l'intérêt signalé par M. Mourlon, exonération des risques et de l'obligation de garantie, n'existe pas en réalité. — Si au contraire le tiers détenteur n'a pas payé son prix d'acquisition, il pourra encore recourir à la purge dans les 30 jours de la sommation à lui faite de payer ou de délaisser, ainsi sera résolu de plein droit le contrat si les créanciers n'acceptent pas le prix porté dans les notifications. Il n'y aura donc pas lieu non plus à une action principale en résolution.

à formuler la grave dérogation écrite dans le premier
alinéa de notre article ? Les créanciers hypothécaires ne
peuvent, en aucun cas, faire tomber les servitudes et
droits réels consentis par leur débiteur ; or leur situation
ne peut être devenue plus favorable par le fait de l'aliénation. Tel leur gage était entre les mains de leur débiteur, tel ils peuvent le réclamer du tiers détenteur.
Autrement ils s'enrichiraient aux dépens de celui-ci ; ils
feraient disparaître des droits acquis contre eux et qui
liaient d'une manière irrévocable le propriétaire, débiteur
principal. L'équité seule a donc dicté cette exception au
législateur, et nous devons nous féliciter de la voir admise.
Il ne peut s'agir ici de rechercher si la confusion est un
mode d'extinction définitif : étant donnée la solution
admise par nous, le délaissant, toujours considéré comme
ancien propriétaire, ne pourrait revendiquer les droits
existant à son profit au moment de son acquisition, car
une revente affirme le droit de propriété acquis, ainsi
que tous les effets produits, et par conséquent ne fait pas
disparaître la confusion opérée (1).

117. — Ainsi la transcription du jugement d'adjudication sur délaissement au profit d'un tiers est donc nécessaire, et pour purger les hypothèques du chef du tiers
détenteur dépossédé aussi bien que du chef des anciens
propriétaires, et pour faire obstacle à la conservation ultérieure de tous droits consentis par ce tiers détenteur. Par
conséquent les ayant-cause de ce dernier pourront se prévaloir du défaut de transcription du jugement d'adjudication.

118. — Ajoutons qu'il y aura lieu au paiement d'un
nouveau droit de mutation :

_______________

(1) Mourlon : op. cit., n° 83. Aubry et Rau : op. cit., § 287, 5°.

Et que le tiers détenteur sera tenu de l'obligation de garantie vis-à-vis de l'adjudicataire.


# VIII

## ADJUDICATION SUR SURENCHÈRE DU SIXIÈME AU PROFIT D'UN AUTRE QUE L'ADJUDICATAIRE.

119. — La surenchère du sixième est permise à toute personne, dans les huit jours de l'adjudication sur saisie (708 C. p. c.), ou sur licitation, ou encore de la vente de biens appartenant à des mineurs (art. 965 et 973 C. p. c.). Mais à raison de ce délai extrêmement court, le premier adjudicataire n'aura, pour ainsi dire, jamais fait transcrire son titre. Alors incontestablement l'adjudicataire sur surenchère devra opérer la transcription du jugement d'adjudication.

120. — Cependant on peut supposer l'hypothèse où la première adjudication a été transcrite ; quelles formalités devra remplir l'adjudicataire sur surenchère ? Ce dernier est mis aux lieu et place de l'adjudicataire surenchéri, qui disparaît complétement, qui est réputé n'avoir jamais eu la propriété de l'immeuble mis aux enchères.

La situation de l'adjudicataire sur surenchère du sixième est donc identique à celle que nous avons reconnue à l'adjudicataire sur surenchère du dixième. Toutes les solutions que nous avons données plus haut seront les mêmes dans la présente hypothèse. La transcription du nouveau jugement d'adjudication sera nécessaire, ainsi que la mention prescrite par l'article 4 (L. 1855) en marge de la transcription, opérée à la requête de l'adjudicataire surenchéri. Les droits de mutation et de transcription, autres que les salaires du conservateur, payés par le premier adjudicataire profiteront jusqu'à due concurrence à l'adjudicataire sur surenchère, etc. (1).

121. — Telle n'est pas cependant l'opinion de MM. Aubry et Rau et Mourlon (2). Ils affirment que cette transcription serait sans objet en présence de celle opérée par l'adjudicataire surenchéri. L'hypothèse qui nous occupe étant tout à fait exceptionnelle, et la solution se présentant dans les mêmes termes et d'une façon plus pratique en matière de folle enchère, nous renvoyons à ce moment l'examen de cette théorie.

# IX

## ADJUDICATION D'IMMEUBLES DÉPENDANT D'UNE FAILLITE ET ADJUDICATION SUR SURENCHÈRE DU DIXIÈME DES MÊMES BIENS

122. — Les immeubles, dépendant de la masse active d'une faillite, sont mis en vente à la requête des syndics, suivant les formes prescrites pour la vente des biens des

---

(1) Chauveau : op. cit. q. 2394. 4⁰, qui ne fait que reproduire la solution donnée par les rédacteurs du journal de l'enregistrement.

(2) Aubry et Rau : op. cit. § 209 nᵉ 37. — Mourlon : op. cit. nᵒˢ 540-541.

mineurs (art. 572 du C. de comm.). L'adjudication, qui en résulte est soumise à la transcription, par application des règles de droit commun.

De même l'adjudicataire sur surenchère du dixième des mêmes biens devra se conformer aux prescriptions de la loi de 1855. Aucune difficulté nouvelle ne peut être soulevée sur ce point.

123. — Mais, étant donnée la nature exceptionnelle de la surenchère du dixième, autorisée par l'article 573 (C. com.) en faveur de toute personne, dans la quinzaine de l'adjudication des biens du failli, la Cour de Cassation a, par arrêt du 19 Mars 1851 (1), reconnu que cette surenchère seule était possible et que les créanciers privilégiés ou hypothécaires, inscrits sur l'immeuble, ne pouvaient se prévaloir de leur inscription, pour exiger que l'adjudicataire fît les notifications prescrites par les articles 2183 et 2184 (C. civil) et prétendre le droit de surenchérir du dixième comme pour une aliénation volontaire. Si donc aucune surenchère du dixième ne s'est produite dans le délai de quinzaine, l'adjudicataire aura acquis les immeubles du failli libres de toutes charges ; les droits des créanciers inscrits seront transportés *ipso facto* sur le prix : il y aura purge des hypothèques inscrites. Or la transcription n'aura d'autres effets que ceux prévus par la loi de 1855. Avant cette époque, elle eût été complétement inutile et l'administration de l'enregistrement ne pouvait prétendre exiger le droit de 1.50 0/0 sur la transcription des jugements d'adjudication des biens de failli ou sur celle de l'adjudication sur surenchère des mêmes biens. Elle ne pouvait prétendre en un mot considérer ces juge-

(1) Dalloz 51. 1. 292 Cpr. Cas. 3 Août 1864. Dalloz 64. 1. 329.

ments comme des actes de *nature à être transcrits*. Cependant l'opinion contraire a prévalu, et même depuis la loi de 1855, l'enregistrement continue à percevoir le droit proportionnel, au lieu du simple droit fixe de 1 franc indiqué par l'article 12 de la dite loi (1).

(1) Nous avons indiqué (nº 31, note), comment, sous le Code civil, on était arrivé à rendre obligatoire le paiement du droit proportionnel de transcription pour tout acte translatif de propriété, par application de la loi du 5 vendémiaire, An VII, T. 4, art. 62, alors que la transcription n'était plus qu'une formalité utile dans le cas de purge. L'article 52 de la loi de finances, du 28 avril 1816, porte : « Le droit d'enregistrement des ventes d'immeu- « bles est fixé à 5 1/2 p. 100 : mais la formalité de la transcription « au bureau des hypothèques ne donnera plus lieu à aucun droit « proportionnel. » Bien qu'il soit constant que ce droit nouveau de 5 1/2 p. 100 n'était que la réunion du droit de mutation de 4 p. 100, et du droit de transcription (1 1/2 p. 100), que dès lors le droit devait, dans certains cas où la transcription n'avait aucune utilité, se décomposer et se réduire à 4 p 0/0, la Cour de Cassation s'est prononcée d'une façon constante en sens contraire et a déclaré que ce droit nouveau, établi par l'article 52, était « une disposition spéciale aux mutations à titre de vente » et était applicable à toutes sans distinction, comme droit de mutation (V. Cass. 25 juillet 1821. Dalloz : Rep. vº. Enregistrement 2275). Dès lors des adjudications telles que celles sur saisie immobilière, sur surenchère du dixième, et celles dont nous nous occupons au texte, étaient soumises au droit de transcription, alors même que cette formalité ne pouvait être d'aucune utilité sous le régime établi par le Code civil Cpr. G. Demante : Exposition raisonnée des principes d'Enregistrement, nº 146. Flandin : op. cit., 1352 et 1354. Mourlon : op. cit., 278, 303, 311 et 312.

# X

## ADJUDICATION SUR FOLLE ENCHÈRE.

—

124. — Tout adjudicataire, qui n'exécute pas les charges, clauses et conditions du cahier d'enchères (1), est considéré comme *fol enchérisseur*, et toute partie intéressée, qui n'a pas reçu satisfaction, peut poursuivre contre lui la revente de l'immeuble précédemment adjugé. Le fol enchérisseur ne peut se rendre de nouveau adjudicataire, et, si l'immeuble n'atteint pas le prix de la première adjudication, il est tenu de la différence, sans pouvoir réclamer l'excédant au cas où les enchères de la deuxième adjudication atteindraient un chiffre plus élevé (Art. 733 et suiv., 964 C. p. c.). Enfin il supportera les frais de la revente sur folle enchère, frais qui ont été causés par sa faute. Ainsi la revente sur folle enchère est la sanction de toute adjudication imprudente ; elle donne aux intéressés une satisfaction immédiate et peu coûteuse, qu'ils ne pourraient obtenir par les voies ordinaires d'exécution (saisie mobilière ou immobilière) ; sanction sérieuse, à raison des risques qu'elle fait courir au fol enchérisseur.

125. — Deux hypothèses peuvent se présenter : ou la

---

(1) En matière d'adjudication sur saisie immobilière, la loi du 21 Mai 1858 indique une nouvelle cause de folle-enchère, le défaut de transcription du jugement d'adjudication dans les 45 jours. Art. 750, C. p. c. modifié.

revente sur folle enchère est poursuivie avant la transcription du jugement d'adjudication ; alors aucune difficulté ne peut surgir ; la transcription de l'adjudication sur folle enchère devra avoir lieu ; — ou bien le fol enchérisseur a fait transcrire son titre d'acquisition.

126. — Dans cette dernière hypothèse, certains auteurs (1) affirment que la transcription du jugement d'adjudication sur folle enchère n'est d'aucune utilité ; qu'il y aura lieu seulement de faire mentionner le nouveau jugement en marge de la transcription du premier. Se faisant forts de l'article 779 (C. p. c.), modifié par la loi du 21 mai 1858, lequel est ainsi conçu : « L'adjudication « sur folle enchère intervenant dans le cours de l'ordre « et même après le règlement définitif et la. délivrance « des bordereaux, ne donne pas lieu à une nouvelle pro- « cédure. Le juge modifie l'état des collocations, suivant « les résultats de l'adjudication et rend les bordereaux « exécutoires contre le nouvel adjudicataire », ces auteurs affirment què l'adjudication sur folle enchère n'est et ne peut être que la subrogation d'un nouvel adjudicataire à l'adjudicataire originaire. Car l'ordre a été ouvert sur le montant du prix d'adjudication originaire ; il n'y a pas de nouvelle procédure ; donc l'aliénation remonte au jour de cette adjudication. Or la transcription a pour but essentiel, non point d'apprendre au public là où se trouve actuellement la propriété, mais là où elle n'est plus, et la transcription opérée par le fol enchérisseur remplit complètement le but de la loi.

Déduire une telle conséquence des dispositions de

<hr>

(1) Mourlon : op. cit., 540. Ollivier et Mourlon : op. cit., 231, 237, 616.

l'article 779, c'est, croyons-nous, se méprendre sur l'intention du législateur. La loi de 1858 a eu pour but, en simplifiant la procédure d'ordre, d'assurer « au crédit « public et particulier plus de confiance, aux débiteurs « une libération plus prompte, aux créanciers une garantie plus sûre de leurs intérêts et des risques moins « grands de perdre ce qu'ils ont attendu si longtemps (1).» L'article 779 semble surtout répondre à cette dernière considération. Une nouvelle procédure d'ordre sur le prix plus ou moins élevé de l'adjudication sur folle enchère est inutile. « Il suffit, dit l'exposé des motifs, que le juge « commissaire modifie l'état des collocations et rende les « bordereaux exécutoires contre le nouvel adjudicataire. » Certes il n'est pas nécessaire d'imaginer le double effet contradictoire que signale M. Mourlon, pour expliquer cette disposition, et dire que : « 1° Quant à l'aliénateur (le « saisi) et à ses créanciers, elle subroge au contrat qu'elle « maintient un acquéreur à un autre ; 2° Quant au pre- « mier adjudicataire, elle résout en sa personne le droit « qu'il tenait de l'adjudicataire originaire. » Selon la doctrine opposée, que nous acceptons pleinement, le fondement de la poursuite de revente sur folle enchère, à raison de l'inexécution des charges, est écrit dans l'article 1188 (C. civ.) ; c'est purement et simplement une condition résolutoire. Mais pour que cette condition produise son effet, il faut une demande en justice. Or dans l'espèce, à raison même de la nature particulière du contrat, la résolution résultera de l'adjudication sur folle enchère, c'est-à-dire du transfert nouveau de la propriété de l'immeuble à une autre personne. Jusqu'à ce moment le fol enchérisseur sera con-

(1) **Exposé des motifs**, *in fine*.

sidéré comme propriétaire à l'égard de tous ; mais du jour
de l'adjudication sur folle enchère, il y aura résolution
avec effet rétroactif. Et malgré cette résolution, on peut
expliquer d'une façon satisfaisante, croyons-nous, la disposition de l'article 779. Du jour des notifications afin de
purge en effet, les créanciers inscrits, qui n'ont pas surenchéri, ont un droit acquis sur le prix d'adjudication ; ils
sont dispensés de renouveler leurs inscriptions hypothécaires ; ils peuvent provoquer l'ouverture de l'ordre, etc.
Les droits acquis sont encore moins contestés, quand
l'ordre est ouvert ou même réglé. Le fait ultérieur de
l'adjudicataire ne peut en rien modifier ces droits. S'il y
a eu des erreurs de procédure, si des créanciers inscrits
ont été omis, si les créanciers à hypothèques légales
n'ont pas tous été mis en demeure de s'inscrire, seul
l'acquéreur est responsable ; les droits des créanciers
ne seront pas modifiés. En pouvait-il être autrement
dans le cas où l'adjudicataire rendait par sa faute la mise
en vente de l'immeuble nécessaire ? Ordonner que l'ordre,
ouvert ou réglé, serait recommencé, c'était violer ces
droits acquis, indépendamment des retards de la procédure et des frais considérables qu'on aurait imposé à ces
créanciers. L'article 779 n'implique donc nullement la
subrogation du deuxième adjudicataire au fol enchérisseur.

Au contraire, il déclare qu'il y a lieu de modifier l'état
des collocations. Or comment expliquer cette modification, qui nécessairement portera sur le chiffre de la col-
location du créancier venant le dernier en ordre utile,
sinon par ce fait de la résolution de la vente même à l'é-
gard de ce créancier. Un des éléments essentiels de toute
vente est le prix. Or ce prix étant changé, peut-on dire

que le premier contrat subsiste, que le deuxième adjudicataire est subrogé purement et simplement au fol enchérisseur ? Nous ne le pensons pas. Le fol enchérisseur sera tenu de la différence à l'égard du dernier créancier colloqué, si le prix de l'adjudication sur folle enchère est inférieur au montant de la première adjudication ; mais ce n'est pas parce qu'il est considéré comme acquéreur ; il a contracté vis-à-vis des parties présentes à la vente, vis-à-vis des créanciers auxquels il a offert son prix d'adjudication, un engagement personnel dont l'inexécution ne peut leur préjudicier. Cette obligation de payer la différence, existant entre les deux prix d'adjudication, est la réparation du préjudice causé, et constitue de véritables dommages-intérêts. S'il était resté propriétaire à l'égard de son auteur, il faudrait en conclure qu'il aurait le droit de prendre, à l'exclusion de ce dernier, l'excédant libre du prix d'adjudication sur folle enchère ; conséquence formellement repoussée par le texte et que nos adversaires ne vont pas jusqu'à affirmer. (Art. 740 C. p. c )

De plus l'adjudication sur folle-enchère fait revivre les droits du fol enchérisseur sur l'immeuble avant sa possession ; elle anéantit ceux par lui constitués dans l'intervalle de temps écoulé entre les deux adjudications.

127. — La transcription opérée par le fol enchérisseur, constatant que ce dernier a acquis la propriété, induirait en erreur les tiers qui contracteraient avec lui. Aussi les partisans du système que nous combattons, déclarent-ils nécessaire d'opérer, en marge de cette transcription, mention du jugement d'adjudication sur folle enchère qui a résolu le contrat primitif. — Cette mention, nécessaire aussi, selon nous, sera tout à fait insuffisante. Nous

avons déjà signalé la sanction peu efficace de l'omission
de cette formalité. D'autre part elle a simplement pour
effet d'avertir les tiers que la transcription du contrat
qu'elle vise est désormais sans valeur.

Or, quelle sera la situation de l'adjudicataire sur folle
enchère, qui aura fait opérer cette mention? Celle de tout
acquéreur qui n'a pas fait transcrire son contrat. En effet
la transcription de la première adjudication disparaîtra
complètement par l'effet de cette mention (1). L'adjudicataire dont il s'agit aura donc entre les mains un titre,
son jugement d'adjudication sur folle-enchère, qui,
n'ayant pas été transcrit, ne sera pas opposable aux tiers.
L'auteur primitif pourrait donc encore par la suite créer
sur l'immeuble ainsi adjugé des droits opposables à l'adjudicataire sur folle enchère.

On ne peut d'ailleurs considérer la transcription comme
ayant pour but essentiel d'apprendre aux tiers là où la
propriété n'est plus. Nous nous sommes expliqués sur les
effets de la transcription. Cette formalité ne peut pas
plus servir aux tiers de preuve que la propriété n'existe
plus entre les mains de telle personne, que de son transfert sur la tête d'un nouvel acquéreur. Elle est simplement une mesure de publicité, destinée à les prévenir de
telles ou telles conventions, sauf à eux à vérifier la vali-

---

(1) On ne saurait prétendre en présence de termes de l'article 4
de la loi de 1855, que la mention prescrite par cet article ait
d'autre effet et puisse dans notre hypothèse, par exemple, rendre
le titre nouveau opposable aux tiers. Il est de principe en effet, en
matière de transcription, qu'un titre, soumis à cette formalité, n'est
pas opposable aux tiers, qui auraient acquis des droits réels postérieurement, par le fait seul que ces tiers en auraient eu connaissance, la transcription étant une formalité essentielle.

dité de ces conventions. Or la transcription de la première adjudication, aujourd'hui résolue par la folle enchère, ne peut atteindre ce but ; et les tiers ignoreront toujours, en droit du moins, le titre de l'adjudicataire sur folle enchère. Cette présomption d'ignorance suffira pleinement pour leur permettre de contracter avec le propriétaire dessaisi par le fait de la première adjudication. Car il ne faut pas perdre de vue que le véritable titre de propriété est non pas simplement le jugement d'adjudication prononcé au profit du fol enchérisseur, mais bien l'adjudication sur folle enchère, qui a fixé les conditions de la mutation de propriété et spécialement le montant du prix d'adjudication à la charge du propriétaire actuel.

128. — Nous croyons donc la transcription du jugement d'adjudication sur folle enchère nécessaire dans tous les cas, que la première adjudication ait été elle-même transcrite ou non (1). Et dans le cas de transcription de cette dernière, à raison même du double caractère de l'adjudication sur folle-enchère, il sera utile de faire opérer la mention prescrite par l'article 4 de notre loi.

---

(1) Troplong : op. cit. 221. Flandin : op. cit. I. 582. Tribunal de la Seine, 8 mars 1860.

# DEUXIÈME PARTIE

## Jugements confirmatifs.

## ADJUDICATION SUR SURENCHÈRE, APRÈS DÉLAISSEMENT OU APRÈS EXPROPRIATION FORCÉE, AU PROFIT DU TIERS DÉTENTEUR.

129. — Sont qualifiés jugements confirmatifs tous les jugements d'adjudication prononcés au profit du tiers, détenteur de l'immeuble au moment des poursuites de vente. Dans ces cas en effet, l'adjudicataire ne peut être réputé acquérir un droit nouveau. Il était propriétaire avant l'adjudication, laquelle, à raison de certaines circonstances, a modifié les charges de l'acquisition, mais n'a changé en aucune sorte les droits du tiers détenteur. Le principe en cette matière est donc que le titre, opérant mutation de propriété, est le contrat primitif, qui seul sera soumis, s'il y a lieu, à la transcription ; que le jugement d'adjudication n'a eu qu'un effet purement confirmatif et ne tombe pas sous l'application de l'article 1er, 1° et 4° de la loi de 1855.

130. — L'acquéreur à titre gratuit ou onéreux, qui se rend adjudicataire sur surenchère du dixième de l'immeuble par lui précédemment acquis, n'est donc pas tenu de faire transcrire le jugement d'adjudication ; le même acquéreur, adjudicataire de l'immeuble par lui délaissé ou saisi sur lui, n'est pas davantage soumis à cette obligation ; non plus que l'adjudicataire, à qui l'immeuble est définitivement adjugé, soit après une surenchère du dixième en matière de vente de biens de failli, soit après une surenchère du sixième, dans le cas peu probable où l'adjudication primitive aurait été transcrite.

131. — En ce qui concerne le tiers détenteur adjudicataire sur surenchère du dixième, l'article 2189 (C. civ.) est formel : « L'acquéreur ou le donataire, qui conserve « l'immeuble mis aux enchères, en se portant dernier « enchérisseur, n'est pas tenu de faire transcrire le juge- « ment d'adjudication. » Et l'on ne saurait dire que cet article est abrogé par la loi de 1855. Avant cette époque, c'était une de ces dispositions qui avaient échappé aux rédacteurs du Code et n'avaient aucune utilité pratique en l'absence de la transcription obligatoire. La loi de 1855 lui a rendu sa véritable valeur. D'ailleurs on ne comprendrait nullement l'utilité de la transcription de ce jugement d'adjudication prononcé au profit du tiers détenteur. Cette formalité n'augmenterait en aucune sorte la publicité résultant de la transcription du premier contrat ; elle indiquerait le prix ; mais qu'importe aux tiers de connaître cette condition du transfert de propriété (1) !

_______

(1) Nous avons admis que la surenchère du sixième produisait les mêmes effets que la surenchère du dixième, faite par un créancier inscrit. Il y a aussi identité de situation dans le cas de surenchère du dixième de biens de failli. Les raisons données au texte s'appliqueront également à ces deux hypothèses.

132. — La question est plus délicate en matière d'adjudication sur délaissement et dépend entièrement de la nature que l'on attribue au délaissement sur hypothèques. Le tiers détenteur, qui délaisse l'immeuble hypothéqué, renonce-t-il *ipso facto*, et dès ce moment même, à la propriété de cet immeuble ? Dès lors l'adjudication prononcée à son profit opérera transfert de propriété : il sera nécessaire de faire transcrire le jugement pour le rendre opposable aux tiers. Au contraire, seule l'adjudication de l'immeuble délaissé enlève-t-elle au tiers détenteur son droit de propriété ? S'il se rend adjudicataire, aucune mutation n'aura lieu, mais une simple confirmation du titre préexistant, et dès lors point de transcription obligatoire. En un mot le délaissement est-il par lui-même une véritable aliénation ? C'est ce que nous allons examiner.

La difficulté naît de dispositions contradictoires, écrites dans le Code. En effet le tiers détenteur peut reprendre l'immeuble par lui délaissé, en payant toute sa dette et les frais (art. 2173), c'est-à-dire arrêter les poursuites de vente. Il est nommé à l'immeuble délaissé un curateur, sur lequel la vente est poursuivie (art. 2174). Enfin, aux termes de l'article 2177, deuxième alinéa, les créanciers personnels du tiers détenteur, après tous ceux qui sont inscrits du chef des précédents propriétaires, exercent leur hypothèque à leur rang sur le bien adjugé. Toutes ces dispositions supposent que le tiers détenteur est resté propriétaire de l'immeuble jusqu'au jour de l'adjudication. Mais, d'autre part, l'article 2172 exige du tiers détenteur, qui délaisse, la capacité d'aliéner ; il peut répéter des créanciers inscrits, qui l'ont contraint au délaissement, les impenses par lui faites, du moins jusqu'à concurrence de la plus-value (art. 2177, 1er alinéa). Le délaissement, comme l'expropriation subie par le tiers détenteur, ouvre à celui-ci un recours en garantie contre le débiteur principal. Ne semble-t-il pas logique de conclure de ces articles que le fait de délaisser est un véritable abandon de la propriété ?

133 — Cependant la doctrine et la jurisprudence sont unanimes aujourd'hui pour reconnaître que le délaissement opère purement et simplement dessaisissement de la possession de fait ; que la propriété continue à résider en la personne du tiers détenteur ; que le jugement d'adjudication seul opère mutation de propriété. Que le Code ait déclaré nécessaire, pour opérer le délaissement, la capacité d'aliéner, ce n'était pas dire que le délaissement était une aliénation. L'article 2124 (C. civ.) est rédigé dans les mêmes termes et jamais on n'a considéré l'hypothèque comme une aliénation immédiate (1).

Quant aux articles 2175 et 2177, ils ne font qu'appliquer un principe d'équité. Les créanciers hypothécaires des précédents propriétaires seuls peuvent faire sommation de payer ou de délaisser ; leur gage est l'immeuble tel qu'il se comportait, alors qu'il était entre les mains de leur débiteur. Ces créanciers ne sauraient donc bénéficier du transfert de propriété accompli, des améliorations et de la plus-value créées par le tiers détenteur ; sinon, ils feraient supporter personnellement à ce dernier une partie de la dette hypothécaire, qui n'est pas la sienne. Ces droits réels et servitudes qui revivent, cette plus-value, remboursable au tiers-détenteur, seront des charges de l'adjudication à laquelle tend le délaissement. Il était d'ailleurs

_______

(1) Cpr. art. 2222.

naturel que le délaissant, perdant la possession de l'immeuble, puisse reprendre, même avant l'adjudication l'exercice de ces droits, la quasi-possession des servitudes établies à son profit.

Le caractère impersonnel de l'obligation du tiers détenteur nous explique le rapprochement que le législateur a établi entre le cas de délaissement et celui d'expropriation subie par lui. Dans ce dernier cas, le même principe d'équité domine la situation : Nul ne doit s'enrichir aux dépens d'autrui. Il n'est donc pas besoin de chercher une autre cause de cette corrélation que l'on retrouve dans toutes les dispositions relatives au délaissement.

Ajoutons enfin que cette doctrine est celle de l'ancien droit français et que rien n'indique l'intention des rédacteurs du Code de la modifier en aucune façon (1).

134. — Aussi admettons-nous que le jugement d'adjudication, prononcé au profit du tiers détenteur, ne fait que confirmer la propriété, qui n'avait jamais cessé d'exister en sa personne ; que dès lors il n'est pas soumis à la transcription (2).

135. — Le délaissant, comme l'acquéreur qui fait les notifications à fin de purge, peut être un ayant-cause du débiteur principal, soit à titre onéreux, soit à titre gratuit. Les règles que nous venons de poser, relatives à la non-transcription du jugement d'adjudication de l'immeuble surenchéri ou délaissé, s'appliqueront en toutes hypo-

---

(1) Loyseau : Traité du déguerpissement, L. V, chap. XIV, nᵘ 1, et L. VI, chap. VII, nᵒˢ 1 et suiv. Pothier · Traité de l'hypothèque, ch. II, sect. I, art. 3.

(2) Mourlon : op. cit., 80 à 83.—Troplong : de la Transcription, 101. Aubry et Rau : op. cit., § 209, texte et note 41. § 287.

thèses. L'article 2189 indique spécialement le donataire adjudicataire sur surenchère du dixième. Il n'y a donc, en aucun cas, interversion de titre : le donataire ou légataire, au profit duquel est prononcée l'adjudication, est toujours considéré comme acquéreur à titre gratuit ; le montant des enchères, par lui payé, n'est et ne peut être un prix de vente.

De ce chef, le tiers détenteur adjudicataire exercera un recours contre le débiteur principal, non pas comme ayant subi une éviction, mais comme *negotiorum gestor* (art. 874 Cpr. art. 2178-2191 C. civ.) (1). Ce qui explique pourquoi le légataire, qui n'a pas fait transcrire son titre primitif, le testament, n'est pas tenu de remplir cette formalité pour le jugement d'adjudication prononcé à son profit. Peu importe donc que le titre primitif ait été ou non soumis à la transcription. Le jugement d'adjudication dont s'agit n'est pas translatif de propriété ; il n'y a pas lieu d'appliquer l'article 1, 1° et 4° de la loi du 23 Mars 1855.

---

(1) M. Gabriel Demante (Exposition raisonnée des principes de l'Enregistrement, n° 210) déduit les conséquences de cette solution, que le donataire continue à posséder l'immeuble *pro donato*, et indique que son titre demeure, malgré l'adjudication intervenue, soumis à toutes les causes de révocabilité ou de réductibilité des donations (art. 957 et 960 C. civ.)

# TROISIÈME PARTIE



## Jugements déclaratifs.

## ADJUDICATION SUR LICITATION AU PROFIT D'UN COHÉRITIER OU D'UN COPARTAGEANT.

136. — Ce jugement d'adjudication est formellement dispensé de la transcription par la loi de 1855 (art. 1. 4° *in fine*). Cette exception, la seule prévue par le texte, est fondée sur l'effet purement déclaratif du partage et de la licitation intervenant entre co-héritiers ou co-propriétaires (art. 883. C. civ.). La fiction, admise par le Code, peut se formuler ainsi : le co-propriétaire indivis, qui se rend adjudicataire du bien commun, est réputé l'avoir possédé tout entier du jour de l'indivision. Dès lors la propriété est considérée comme ayant été transférée à l'adjudicataire par le titre primitif et le jugement d'adjudication, non plus que l'acte de partage, n'a aucune influence ni sur la mutation de propriété, ni sur les droits des créanciers de l'auteur commun. Ainsi s'explique l'exception

admise par la loi de 1855 ; et M. de Belleyme, rapporteur de la loi, la justifiait par ces considérations que
« cette fiction (de l'effet déclaratif) est la base des règles
« et des effets du partage et que la changer serait porter
« le trouble dans les dispositions du Code Napoléon....
« Que les créanciers des héritiers, seuls intéressés à con-
« naître ce partage, ont dans les mains un droit équiva-
« lent à celui qu'ils puiseraient dans la nécessité de la
« transcription, le droit de former opposition au partage. »
Sans examiner la valeur des raisons données, nous signalerons cette nouvelle lacune dans le système de transcription établi en 1855. Le partage, ignoré des tiers,
peut être une cause d'erreur et de préjudice sérieux pour
quiconque traiterait avec le co-héritier dessaisi de ses
droits indivis sur l'immeuble. On ne saurait nier qu'au
point de vue pratique, que le législateur devait surtout
envisager, la publicité du partage peut être aussi nécessaire que celle d'une vente ou de tout autre acte translatif de propriété. Nous regrettons que la rédaction
première de notre article n'ait pas subsisté (1).

Quoi qu'il en soit, l'exception est formelle : aucune
difficulté ne saurait être soulevée à ce sujet. Toute adjudication, prononcée au profit d'un co-héritier ou d'un copartageant, est dispensée d'inscription (2).

_______________

(1) Le projet portait ces seuls mots : 1° Tout jugement d'adjudication. Consulter les observations faites à ce sujet par les Cours
de Metz, Montpellier et Riom, et la Faculté de Droit de Poitiers,
lors de l'enquête ouverte en 1841, sur les réformes à opérer dans le
régime hypothécaire établi par le Code civil. (Documents relatifs
au régime hypothécaire, t. I, p. 257, 262, 288, 291, 454 et suiv.)

(2) Malgré les termes absolus de l'art. 1, 4° de la loi de 1855, et
de l'article 883, qui assimile au partage la licitation, malgré la

137. — Mais dans le cas où plusieurs cohéritiers ou copartageants se sont rendus conjointement et indivi-

jurisprudence constante, qui considère comme soumise à l'effet déclaratif toute opération qui fait cesser l'indivision préexistante entre plusieurs personnes, il ne faudrait pas croire que le jugement d'adjudication, prononcé au profit d'un copartageant ou d'un copropriétaire, échappe complètement à tout droit proportionnel de mutation et au droit proportionnel de transcription. Dans l'hypothèse la plus simple, celle où l'immeuble seul est indivis, le copropriétaire adjudicataire n'a qu'une quote-part de la propriété ; il devra donc payer, en partie du moins, à ses copropriétaires le prix d'adjudication ; aussi la loi de Frimaire an VII considère-t-elle qu'il y a une véritable acquisition d'une partie de l'immeuble et frappe d'un droit de mutation de 4 0/0 les parts et portions indivises de biens immeubles acquises par licitation, art. 69, § 7, 4°. La loi du 21 Ventôse an VII, art. 25, fixe le droit de transcription à 1 50 0/0 du prix intégral des mutations, suivant qu'il aura été réglé à l'enregistrement. Enfin la loi du 28 avril 1856, que nous avons déjà citée, réunit les deux droits en un seul, de 5 50 0/0, qui sera perçu lors de l'enregistrement des ventes d'immeubles. Toutes ces dispositions spéciales réunies induisaient à croire que la Cour de Cassation, fidèle à l'interprétation par elle donnée de l'art. 52 de la loi de 1816, déciderait que puisqu'il y avait, en droit fiscal, mutation pour partie, il y aurait lieu de percevoir pour la même partie du prix de l'immeuble le droit proportionnel de transcription, c'est-à-dire appliquer purement et simplement l'art. 52 précité. (M. G. Demante, Exposition raisonnée des principes de l'enregistrement, n° 713). Et cependant la Cour ne s'est pas arrêtée là ; elle a déclaré que le droit de transcription de 1 50 0/0 serait perçu sur la totalité du prix d'adjudication, par application de l'art. 54 de la loi de 1816 ; car « la formalité de la transcription, qui a « son but propre et ses effets spéciaux, est indivisible et ne peut « être assimilée au droit d'enregistrement. » Cass., 2 décembre 1851. Dalloz, P. 51, 1, 323. Cpr, 13 août 1862. D. P. 62, 1, 352. 3 janvier et 17 janvier 1865. D. P. 65, 1, 32 et 34. Malgré cette jurisprudence constante, malgré l'autorité des décisions de la Cour

sément adjudicataires de l'immeuble commun, faut-il décider que le jugement d'adjudication sera considéré

suprême, nous croyons que cette doctrine repose sur une confusion des principes du droit civil avec ceux du droit fiscal. Le droit fiscal est régi, en cette matière, par des lois spéciales. Mais la Cour de Cassation n'a pas du tout considéré l'adjudication dont s'agit comme opérant mutation de propriété, pour la soumettre au droit de transcription. Elle l'a considéré comme étant un acte de nature à être transcrit, aux termes de l'art. 54 de la loi de 1816, parce que l'adjudicataire peut avoir intérêt à purger, non pas du chef de ses copropriétaires, c'est un partage, mais bien du chef d'un des précédents propriétaires. Voilà l'erreur ; car pour purger de ce chef, ce n'est pas la transcription du jugement d'adjudication qui sera nécessaire, mais bien celle du titre, qui a transféré la propriété de cet auteur aux copropriétaires. Et ceci est tellement vrai, que si l'on suppose que les copropriétaires, au cours de l'indivision, aient rempli cette formalité, l'adjudicataire n'aura aucune utilité à la remplir de nouveau après l'adjudication.

Si nous modifions l'hypothèse et que nous considérions l'immeuble comme faisant partie d'une masse héréditaire indivise, la jurisprudence restera la même pour l'héritier adjudicataire. Mais il peut se faire que cet héritier puisse compenser le prix d'adjudication avec ses droits dans la succession. Pour échapper aux droits proportionnels de mutation et de transcription, l'adjudicataire doit établir ses droits héréditaires, et il ne peut le faire que par la production d'un état liquidatif régulier, c'est-à-dire approuvé de toutes les parties, si elles sont majeures, ou, dans le cas contraire, homologué par le Tribunal ; et cette production doit être faite dans le délai accordé pour l'enregistrement du jugement d'adjudication, c'est-à-dire dans les 20 jours. Cette preuve si rigoureuse n'étant pas fournie dans ce délai, l'adjudicataire supportera un droit de mutation sur tout ce qui excède ses droits antérieurs dans l'immeuble adjugé (G. Demante : loc. cit. 711 et 712), et il paiera le droit proportionnel de transcription sur la totalité du prix de l'immeuble adjugé, alors même que cet immeuble ne le remplirait pas de ses droits héréditaires.

comme un partage et ne sera pas soumis à la transcription ? Certains auteurs considèrent ce jugement d'adjudication comme opérant un véritable partage. Suivant eux en effet, pour qu'il y ait lieu à l'application de l'article 883 (C. civ.), c'est-à-dire à l'effet déclaratif du partage, il suffit que l'indivision ait cessé à l'égard d'un seul des copropriétaires. Dès lors le jugement d'adjudication, dans notre espèce, ne serait pas soumis à la transcription.

Mais il ne suffit pas d'envisager l'effet juridique du jugement à l'égard d'une seule des parties ; s'il est vrai que l'indivision ait cessé pour ceux des copropriétaires, qui ne se sont pas rendus adjudicataires, elle n'en subsiste pas moins à l'égard des autres ; elle a été diminuée simplement. Les coadjudicataires se retrouvent toujours copropriétaires de l'immeuble indivis ; il est impossible dès lors de leur appliquer la fiction, par laquelle « chacun des communistes est sensé « avoir succédé seul et immédiatement à tous les effets à « lui échus sur licitation. » L'adjudication a eu pour effet d'augmenter leur droit indivis sur l'immeuble ; c'est une véritable mutation de propriété. L'effet déclaratif du partage est une fiction de la loi. Nous ne pouvons en étendre arbitrairement la portée. Or les différentes dispositions du Code civil, qui régissent la matière, supposent que l'indivision a cessé complètement entre les cohéritiers. Dans notre hypothèse, il n'en est rien. Nous croyons donc que de tels jugements d'adjudication rentrent dans le droit commun et sont soumis à la formalité de la transcription (1).

(1) En ce sens Aubry et Rau, § 209, note 40. § 625, n° 12, et les nombreux arrêts cités par cet auteur. Marcadé, sur les art. 1687 et 1688. Flandin : de la Transcrip., I, 561. — En sens contraire : Mour-

138. — La succession, dévolue à différents héritiers, peut être acceptée purement et simplement par les uns, et par d'autres sous bénéfice d'inventaire seulement. Le cohéritier bénéficiaire, qui se rendrait adjudicataire sur licitation d'un immeuble de la succession, peut-il invoquer le bénéfice de l'article 883 et se prévaloir de l'effet déclaratif du partage pour se dispenser de faire transcrire ? Nous avons décidé que, dans le cas d'adjudication des biens héréditaires au profit du bénéficiaire, héritier unique, ce dernier acquérait un droit de propriété distinct de celui qu'il tenait du *de cujus* et que dès lors la transcription du jugement était nécessaire. Mais notre hypothèse est toute différente : l'adjudication de l'immeuble indivis, prononcée à son profit, a fait cesser purement et simplement l'indivision ; elle n'a eu d'autre effet que de déterminer, dans une certaine mesure, les biens sur lesquels il pouvait être tenu envers les créanciers de la succession. Ceux-ci en effet pourront toujours le poursuivre et saisir l'immeuble à lui adjugé comme l'ayant recueilli à titre héréditaire. Il sera considéré comme s'il était venu seul à la succession et que l'immeuble dont s'agit ait été la seule valeur active recueillie par lui. Nous croyons donc qu'il sera dans la même situation que tout cohéritier pur et simple (1), qui se

lon : de la Transcription, n° 179 et suiv. G. Demante : Exposition raisonnée des principes d'enregistr., n° 718. — Championnière et Rigaud : Traité des droits d'enregistrement, t. III, n° 2725.

(1) Bordeaux, 22 Mars 1834. Dalloz : Rep. Alph., Vente publiq. d'imm., n° 2195. — Cass., Ch. civ., 12 Août 1839. Dal. Rep. alp. Succession, 2103. — Cass. 26 Février 1862. D. P. 62. 1. 182.— 22 Juillet 1862. D. P. 62. 1. 372. 22 Juin 1870· D. P. 70. 1. 413. 27 Novembre 1872. D. P. 73. 1. 193. — Dès lors la jurisprudence de la Cour de Cassation, en matière de droit fiscal, est la même, qu'il s'agisse d'un adjudicataire co-héritier pur et simple ou sous béné-

serait rendu adjudicataire et qui serait en conséquence dispensé de la formalité de la transcription (art. 1. 4°L. 1855).

fice d'inventaire, c'est-à-dire qu'elle déclare passibles du droit proportionnel de transcription de 1.50 0/0 les jugements d'adjudication dont s'agit, alléguant à l'appui de cette solution, que ce sont actes de nature à être transcrits aux termes de l'article 54 de la loi de 1815; « Que la loi de 1855 a prononcé la dispense de trans-
« cription au point de vue du dessaisissement de l'ancien proprié-
« taire et par application du principe déjà posé en l'article 883
« (C. civ.); mais que rien n'établit qu'elle ait entendu accorder
« aussi cette dispense, au point de vue de la purge des hypothèques;
« qu'en effet elle ne modifie pas d'une façon générale la procédure
« de purge.... » Nous nous serions contentés de renvoyer à la note du n° 136, si, en matière d'adjudication au profit de l'héritier bénéficiaire, l'argument tiré de l'utilité de la purge n'eût pas semblé irréfutable au premier abord. Ici encore il y a une véritable confusion. L'héritier bénéficiaire, qui s'est rendu adjudicataire d'un immeuble dépendant de la succession, sur les poursuites de vente, exercées soit par lui-même, soit par les créanciers héréditaires, a acquis en son nom personnel un droit de propriété, opposable aux ayant-cause du *de cujus,* et dès lors il a intérêt à purger. Mais si l'on admet avec la Cour de Cassation que l'héritier bénéficiaire, adjudicataire d'un immeuble indivis, peut invoquer la fiction de l'article 883, il faut en conclure qu'il ne détient qu'à titre d'héritier l'immeuble adjugé et n'a pas de droit opposable aux ayant-cause du *de cujus;* que la purge qu'il effectuerait alors ne pourrait libérer l'immeuble que des inscriptions le grevant du chef des auteurs du *de cujus;* que dès lors le titre à faire transcrire et le prix sur lequel serait calculé le droit de transcription seraient, non pas le jugement et le prix d'adjudication, mais le contrat intervenu entre le *de cujus* et son auteur et la valeur portée audit contrat. La Cour semble donc avoir confondu les effets que pourraient produire ces formalités de purge remplies dans des conditions si différentes, et nous croyons que c'est à tort qu'elle déclare valable la perception du droit proportionnel de mutation sur la totalité du prix d'adjudication.

# APPENDICE

---

## Des jugements d'expropriation pour cause d'utilité publique.

—

139. — Les jugements d'expropriation pour cause d'utilité publique opèrent *ipso facto* mutation de propriété immobilière, et c'est à ce titre que nous avons jugé utile de les rapprocher des jugements d'adjudication. Aux termes de l'article 16 de la loi du 3 mai 1841, « le juge- « ment sera, immédiatement après l'accomplissement des « formalités prescrites par l'article 15 (formalités de pu- « blicité), transcrit au bureau de la conservation des « hypothèques, conformément à l'article 2181 du Code « civil. » Et l'article 17 règle les effets de cette transcrip- tion : elle fait courir le délai de quinzaine, accordé aux créanciers privilégiés ou hypothécaires pour prendre inscription ; mais bien que le législateur ait visé l'article 2181 du Code civil, cette formalité n'est pas le prélimi- naire d'une purge des hypothèques, inscrites dans le délai légal ; l'inscription ne créera pas un droit réel oppo-

sable à l'acquéreur ; elle ne fera pas naître au profit du créancier hypothécaire le droit de surenchérir ; son effet se réduira à ouvrir, en faveur du titulaire, la faculté de demander la fixation de l'indemnité par le jury d'expropriation. Ainsi aux termes de cette loi, la propriété est transférée pleine et entière par le jugement d'expropriation, indépendamment de toute transcription.

La loi de 1855 a-t elle modifié ces dispositions et rendu la transcription obligatoire, pour opérer, à l'égard des tiers, le transfert de propriété de l'immeuble atteint par l'expropriation ?

Certains auteurs l'ont affirmé. Suivant eux, le jugement d'expropriation est translatif de propriété, et dès lors tombe sous l'application de l'article 1ᵉʳ, 1°, de la loi de 1855 : car ce jugement serait un véritable contrat judiciaire, remplaçant les conventions amiables, sur lesquelles les parties n'ont pu tomber d'accord, et rien ne prouve que l'article 1ᵉʳ, 1° (Loi de 1855), ne vise que les actes d'aliénations volontaires.

140. — Tous ces arguments, indiscutables en eux-mêmes, sont insuffisants, à notre avis, pour fonder cette doctrine. Nous ne sommes plus en présence d'une aliénation ordinaire, qui a fait passer un immeuble d'un patrimoine dans un autre ; il ne s'agit plus de protéger, par la publicité, les ayant-cause éventuels de l'administration. L'immeuble, par le fait de l'expropriation, passé dans le domaine public et désormais est réputé hors du commerce. Voilà donc un des effets de la transcription, qui ne peut se produire utilement. D'autre part, à raison même de son caractère d'utilité publique, l'expropriation, entourée de formalités et de garanties suffisantes pour protéger les droits privés, devait, après l'accomplissement

de ces formalités et lorsqu'elle était valablement prononcée, produire de plein droit le transfert de propriété
au profit de l'administration et ne laisser subsister les
droits des tiers intéressés que sur l'indemnité allouée. Et
le législateur le décide ainsi : le propriétaire, ceux pouvant prétendre un droit réel de servitude ou un autre
droit sur l'immeuble, tels que les usagers usufruitiers,
locataires, etc., n'ont droit qu'à une indemnité, et les privilèges et hypothèques sont purgés. La loi de 1811 est
donc une loi spéciale, et sans nous prévaloir de la maxime :
*specialia generalibus derogant*, nous nous contenterons
de signaler les concessions importantes que nos adversaires sont contraints de faire, pour prouver que les dispositions de cette loi doivent rester pleines et entières,
malgré la loi de 1855.

M. Mourlon, déclarant qu'au regard des tiers, l'exproprié demeure propriétaire, tant que l'administration n'a
point fait transcrire son titre ; que dès lors, dans l'intervalle, l'exproprié peut valablement vendre son droit de propriété ou grever son immeuble de servitudes, ou d'hypothèques, etc., ajoute : « en faut-il conclure que les tiers acqué-
« reurs, dont le titre est postérieur à l'expropriation, peu-
« vent, s'ils transcrivent en temps utile, évincer l'admi-
« nistration et la contraindre à procéder directement
« contre eux par expropriation nouvelle ? Non assuré-
« ment, ils ne peuvent, en effet, avoir plus de droits que
« les acquéreurs antérieurs à l'expropriation ; leur con-
« dition ne peut être que la même..... Or l'expropriation
« quoique prononcée (par erreur) contre un précédent
« propriétaire, n'en est pas moins valable (Art. 18. L. 3
« mai 1848)..... L'exproprié a été, en un mot, comme le
« mandataire de ses ayant-cause ; il les a représentés au

« regard de l'administration..... Ainsi les tiers acquéreurs
« de la pleine propriété, ainsi les usufruitiers, ainsi les
« acquéreurs de servitudes réelles, dont le titre est anté-
« rieur à l'expropriation, ne peuvent point la critiquer,
« quoiqu'elle soit faite sans leur participation et à leur
« insu ; leur droit réel se convertit en un droit de préfé-
« rence sur le prix. A plus forte raison, ou tout au moins
« par analogie, en doit-il être de même de ceux dont
« l'acquisition se place dans l'intervalle de l'expropriation
« à la transcription. »

Il nous suffit de citer ce raisonnement, pour faire ressortir la contradiction des prémisses avec la conclusion.
Si les acquéreurs de droits réels, dont le titre est antérieur à l'expropriation, perdent, par le fait de l'expropriation et même à leur insu, leurs droits réels et ne conservent
qu'un droit à l'indemnité, on se demande comment l'exproprié pourrait consentir valablement des droits réels,
qui se transformeraient immédiatement en droits à l'indemnité. Il faudrait supposer que le jugement d'expropriation non transcrit ne leur est pas opposable Mais les
acquéreurs antérieurs sont, par hypothèse, des tiers ayant
acquis et conservés leurs droits conformément à la loi
(art. L. 1855), et cependant les principes de droit commun
en matière de transcription ne leur sont pas applicables ;
avant même l'accomplissement de cette formalité, le jugement d'expropriation leur est opposable. Comment s'expliquer que les acquéreurs, dont le titre est postérieur au jugement d'expropriation, puissent se prévaloir du défaut
de transcription du jugement d'expropriation ? Il faut les
assimiler aux premiers sans contestation. Mais alors le
jugement d'expropriation fera obstacle à toute constitution de droits nouveaux par l'exproprié. La transcrip-

tion, telle qu'elle est établie par la loi de 1855, au point
de vue du transfert de propriété à l'égard des tiers, ne
produira donc aucun effet (1).

Reste à examiner si le délai de quinzaine établi par
l'article 17 (L. 1841) doit subsister. Ce délai n'est qu'un
dérivé de celui imparti par l'article 834 (C. p. c.), lequel
article a été abrogé par la loi de 1855. Donc nos adversaires le suppriment. Mais dès l'instant où nous avons
reconnu l'impossibilité d'appliquer la loi de 1855 pour les
autres dispositions, nous ne croyons pas possible d'admettre qu'elle ait une influence quelconque, même dans
cette question de délai. D'ailleurs s'il est vrai que le
même délai était indiqué par l'article 834 (C. p. civ.), on ne
saurait méconnaître cette différence essentielle entre les
inscriptions prises dans ce délai : en matière de ventes
volontaires (art. 834), l'inscription conservait au créancier
le droit de surenchère et par conséquent le droit réel à
l'égard de l'acquéreur ; en matière d'expropriation publique, il ne peut être question, pour le créancier qui s'inscrit, ni de la conservation d'un droit réel, ni du droit de
surenchère (art. 17). — Il n'y avait donc pas là une faculté,

____________________

(1) MM. Aubry et Rau (Cours de droit civil, § 209, A, n° 43,) font
aussi remarquer que le système de nos adversaires nécessiterait
une double modification de l'article 21. « Les tiers dénommés en
« cet article, qui n'auraient pas fait transcrire leurs titres, avant
« la transcription du jugement d'expropriation, seraient déchus de
« tout droit à indemnité contre l'Etat, lors même que le proprié-
« taire les aurait fait connaître en délai utile à l'administration et
« d'un autre côté ces tiers conserveraient leur droit contre l'Etat,
« par le seul effet de la transcription et malgré l'absence de la no-
« tification prescrite par l'article précité. » C'est un bouleversement complet de l'économie de cette loi, du moins en ce qui concerne les droits des tiers.

que le législateur pouvait juger dangereuse pour l'administration, comme dans le cas de l'article 834, puisque
cette inscription conservait seulement le droit de préférence sur l'indemnité due à l'exproprié.

Ajoutons enfin que les commissaires du gouvernement
déclarèrent à la commission du Sénat que « par la loi du
« 23 Mars 1855, il n'avait été dérogé en rien à celle du 3
« Mai 1841, sur l'expropriation pour cause d'utilité pu-
« blique ; qu'ainsi les délais, accordés par cette dernière
« loi aux parties intéressées, étaient intégralement main-
« tenus. » Et c'est le seul passage des travaux préparatoires de la loi de 1855, où il soit question des jugements
d'expropriation pour cause d'utilité publique.

La loi du 3 Mai 1841 subsiste donc dans toutes ses dispositions, et la mutation de propriété, opérée par le jugement d'expropriation, est opposable à tous, sans qu'il soit
nécessaire de la faire transcrire.

# POSITIONS

## DROIT ROMAIN

I. — L'hypothèque a une origine romaine. — *N⁰ˢ 19 et suiv. de la Thèse romaine.*

II. — Le créancier, qui vend la chose hypothéquée, exerce un droit personnel et ne peut être considéré comme mandataire de son débiteur. — *N⁰ 26.*

III. — Le créancier hypothécaire, qui détient la chose hypothéquée, est un véritable possesseur et non un simple détenteur. — *N⁰ˢ 45 et suiv.*

IV. — Le créancier n'est pas tenu de mettre son débiteur en demeure de payer, avant d'exercer le *jus distrahendi.* — *N⁰ 81.*

V. — Le créancier vendeur doit garantir l'existence de son droit d'hypothèque et par suite de son droit de vendre. — *N⁰ˢ 98 et 99.*

VI. — Le créancier vendeur peut exiger de l'acquéreur évincé le paiement du prix de la chose hypothéquée. — *N⁰ 102.*

VII. — Le créancier hypothécaire, qui exerce le *jus offerendi*, acquiert un droit nouveau, distinct de celui du créancier qu'il a remboursé. — *N° 132.*

## HISTOIRE DU DROIT FRANÇAIS

Le nantissement n'était pas une condition du transfert de propriété des francs-alleux, dans le pays de Hainaut.

## DROIT CIVIL ET PROCÉDURE CIVILE.

I. — Le défaut de transcription du jugement d'adjudication sur une saisie immobilière ne fait aucun obstacle à la purge des hypothèques des créanciers, régulièrement sommés, en vertu de l'art. 692 du Code de Procédure civile. — *N° 50 de la Thèse française.*

II. — L'aliénation, qui a acquis date certaine avant la transcription de saisie, mais qui n'a été transcrite que postérieurement, n'est pas opposable au saisissant, même simple créancier chirographaire. — *N°ˢ 74 et suiv.*

III. — L'incapacité d'aliéner du saisi ne cesse pas par le fait seul de l'adjudication, et l'aliénation par lui consentie à à ce moment n'est pas opposable à l'adjudicataire, bien qu'elle ait été transcrite avant le jugement d'adjudication. — *N° 79.*

IV. — L'héritier bénéficiaire, qui se rend adjudicataire d'un immeuble héréditaire, est tenu de transcrire le jugement d'adjudication prononcé à son profit. — *N°ˢ 89 et suiv.*

V. — Le jugement d'adjudication sur surenchère du dixième, prononcé au profit d'un étranger, est soumis à la transcription. — *N°ˢ 104 et suiv.*

VI. — Il en est de même du jugement d'adjudication sur folle enchère, bien que le fol enchérisseur ait rempli cette formalité.— *N<sup>os</sup> 126 et suiv.*

VII. — Le jugement d'adjudication sur délaissement, prononcé au profit du tiers détenteur, n'est pas soumis à la transcription. — *N<sup>os</sup> 132, 133 et 134.*

VIII. — Le jugement d'adjudication sur licitation, rendu au profit de plusieurs co-partageants, ne fait pas cesser l'indivision et doit être transcrit. — *N° 137.*

IX. — L'héritier bénéficiaire, adjudicataire sur licitation d'un bien de la succession, peut invoquer l'effet déclaratif du partage et se dispenser de faire transcrire. — *N° 138.*

## DROIT CRIMINEL.

I. — Une décision d'acquittement fait obstacle à toute nouvelle poursuite, à raison du même fait autrement qualifié.

II. — Les décisions des juridictions répressives ont autorité de chose jugée, à l'égard des juridictions civiles saisies du même fait.

## DROIT ADMINISTRATIF.

La loi du 23 mars 1855 n'a pas modifié les dispositions des articles 16 et 17 de la loi du 3 mai 1841 sur l'expropriation publique — *N<sup>os</sup> 139 et 140 de la Thèse française.*

## DROIT FISCAL.

I. — Le co-propriétaire ou le co-partageant qui se rend adjudicataire sur licitation d'un bien indivis doit payer le droit proportionnel de transcription, non pas sur la totalité du prix d'adjudication, mais sur la partie soumise au droit proportionnel d'enregistrement. — *N° 136, note 2.*

II. — Il en est de même de l'adjudicataire du bien licité, cessionnaire des droits d'un co-propriétaire ou d'un co-héritier. — *N°ˢ 85, 86 et note*

III. — Le jugement d'adjudication sur licitation prononcé au profit du co-héritier, qui n'a accepté la succession que sous bénéfice d'inventaire, n'est passible du droit proportionnel de transcription que dans la mesure où il le serait, si l'adjudicataire était un héritier pur et simple. — *N° 138, note*

## DROIT INTERNATIONAL.

Le Français, condamné par un jugement d'un tribunal étranger, dont on demande l'exécution en France, peut débattre l'affaire à nouveau devant le tribunal chargé de donner l'*exequatur*.

Vu par le Président de la Thèse :

Nancy, le 2 juin 1877.

A. LOMBARD.

Vu par le Doyen de la Faculté :

Nancy, le 2 juin 1877.

Pʜ. JALABERT.

Vu **et** permis d'imprimer :

Nancy, le 5 juin 1877.

*Le Recteur,*

JACQUINET

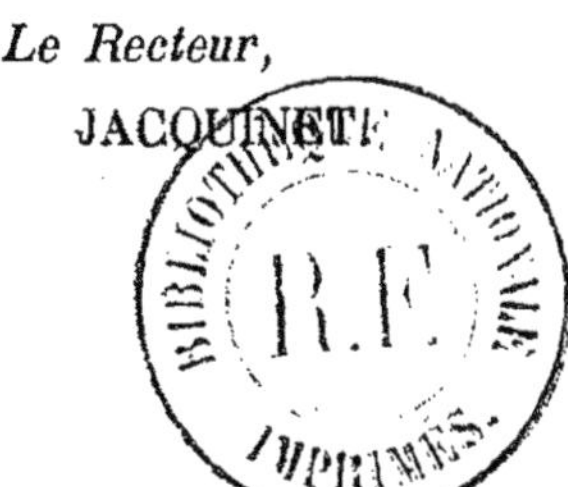

# TABLE DES MATIÈRES

# DROIT ROMAIN

De l'exercice des droits des créanciers hypothécaires.

# DROIT FRANÇAIS

## De la Transcription des jugements d'adjudication.

### PRÉLIMINAIRES.

#### *De la Transcription en général.*

## PREMIÈRE PARTIE.

### *Jugements d'adjudication translatifs de propriété.*

## DEUXIÈME PARTIE.

### *Jugements confirmatifs.*

# TROISIÈME PARTIE.

## *Jugements déclaratifs*



# APPENDICE.

# ERRATA.

<table>
<tr><td>Page</td><td>7</td><td>ligne</td><td>22</td><td>lire :</td><td>ces</td><td colspan="2">au lieu de : ces.</td></tr>
<tr><td>—</td><td>13</td><td>—</td><td>16</td><td>—</td><td>caractéristique</td><td>—</td><td>caraléristique.</td></tr>
<tr><td>—</td><td>14</td><td>—</td><td>10</td><td>—</td><td>la fiducie</td><td>—</td><td>le fiducie.</td></tr>
<tr><td>—</td><td>14</td><td>—</td><td>12</td><td>—</td><td>convention</td><td>—</td><td>contravention.</td></tr>
<tr><td>—</td><td>20</td><td colspan="6">Il y a interversion des notes 1 et 2.</td></tr>
<tr><td>—</td><td>24</td><td>ligne</td><td>30</td><td>lire :</td><td>pacte au lieu de : parti.</td><td></td><td></td></tr>
<tr><td>—</td><td>25</td><td>—</td><td>9</td><td>—</td><td>collusion</td><td>—</td><td>collision.</td></tr>
<tr><td>—</td><td>40</td><td>—</td><td>14</td><td>—</td><td colspan="3">Toute possession, même utile ad usuca-<br>pionem peut-elle exister indépendamment<br>d'une possession originaire ? au lieu de :<br>La possession dérivée peut-elle exister<br>sans une possession originaire du débi-<br>teur ?</td></tr>
<tr><td>—</td><td>44</td><td>—</td><td>9</td><td>—</td><td colspan="3">ces au lieu de : ses.</td></tr>
<tr><td>—</td><td>58</td><td>—</td><td>24</td><td>—</td><td>cui quoque erat</td><td>—</td><td>cui ante erat.</td></tr>
<tr><td>—</td><td>58</td><td>note</td><td>3</td><td>—</td><td colspan="3">10 D. de pign. XX. 1. — 12. D. qui pot. XX. 4.</td></tr>
<tr><td>—</td><td>62</td><td>l.</td><td>6</td><td>—</td><td>dotalité</td><td>—</td><td>totalité.</td></tr>
<tr><td>—</td><td>63</td><td>—</td><td>13</td><td>—</td><td>fisc</td><td>—</td><td>fise.</td></tr>
<tr><td>—</td><td>76</td><td>—</td><td>9</td><td>—</td><td>droits et actions</td><td>—</td><td>droits d'action.</td></tr>
<tr><td>—</td><td>76</td><td>—</td><td>30</td><td>—</td><td>Tryphoninus</td><td>—</td><td>Tryphonimus.</td></tr>
<tr><td>—</td><td>80</td><td>—</td><td>19</td><td>—</td><td>créancier, c'est</td><td>—</td><td>créancier. C'est.</td></tr>
<tr><td>—</td><td>83</td><td>—</td><td>6</td><td>—</td><td>action ex empto</td><td>—</td><td>action ev empto.</td></tr>
<tr><td>—</td><td>87</td><td>—</td><td>3</td><td>—</td><td>situation</td><td>—</td><td>situatian.</td></tr>
<tr><td>—</td><td>95</td><td>—</td><td>12</td><td>—</td><td colspan="3">débiteur dans le cas — débiteur de créance<br>dans le cas.</td></tr>
<tr><td>—</td><td>116</td><td>—</td><td>5</td><td>—</td><td>1790</td><td>—</td><td>1750.</td></tr>
<tr><td>—</td><td>119</td><td>—</td><td>14</td><td>—</td><td>faite</td><td>—</td><td>fait.</td></tr>
<tr><td>—</td><td>128</td><td>—</td><td>31</td><td>—</td><td colspan="3">par la notification et le dépôt du contrat.</td></tr>
<tr><td>—</td><td>137</td><td>—</td><td>29</td><td>—</td><td colspan="3">lourdement les mutations au lieu de lour-<br>dement sur les mutations.</td></tr>
<tr><td>—</td><td>138</td><td>—</td><td>16</td><td>—</td><td colspan="3">Elle offre au lieu de Il offre.</td></tr>
<tr><td>—</td><td>142</td><td>—</td><td>29</td><td>—</td><td>le droit commun</td><td>—</td><td>le droit comparé.</td></tr>
<tr><td>—</td><td>148</td><td>—</td><td>30</td><td>—</td><td>qualifiées</td><td>—</td><td>qualifiée.</td></tr>
<tr><td>—</td><td>156</td><td>—</td><td>31</td><td>—</td><td>Dalloz 50. 2.</td><td>—</td><td>Dalloz 58. 2.</td></tr>
<tr><td>—</td><td>157</td><td>—</td><td>5</td><td>—</td><td colspan="3">défaut de transcription du titre — défaut<br>de titre.</td></tr>
<tr><td>—</td><td>160</td><td>—</td><td>7</td><td>—</td><td>le dépôt</td><td>—</td><td>la publication.</td></tr>
<tr><td>—</td><td>167</td><td>—</td><td>6</td><td>—</td><td>1583</td><td>—</td><td>1158.</td></tr>
<tr><td>—</td><td>169</td><td>—</td><td>8</td><td>—</td><td>transcription</td><td>—</td><td>transaction.</td></tr>
<tr><td>—</td><td>177</td><td>—</td><td>8</td><td>—</td><td>ces conditions</td><td>—</td><td>les conditions.</td></tr>
<tr><td>—</td><td>180</td><td>—</td><td>18</td><td>—</td><td>inaliénable</td><td>—</td><td>aliénable.</td></tr>
<tr><td>—</td><td>246</td><td>—</td><td>18</td><td>—</td><td>censé</td><td>—</td><td>sensé.</td></tr>
<tr><td>—</td><td>256</td><td colspan="6">Remplacer les lignes 5 et 6 par ces mots : Le nantisse-<br>ment n'était pas nécessairement constaté par écrit dans le<br>pays de Hainaut.</td></tr>
</table>

A. RENAULD.